Peter Essenwein & Reinhard Marheinecke

Etwas zu Karl May

D1730564

Verlag Reinhard **M**arheinecke
CBK Produktions
www.marheinecke-verlag.de

Mein Dank für die Mithilfe geht an
Corinna Marheinecke und Bernhard Schmid.
Für ihr Verständnis und ihre Geduld ein besonderer Dank
an meine Frau Gitta!

Verlag Reinhard Marheinecke
1. Auflage, November 2015
Coverlayout: Corinna Marheinecke
Druck: CPI Buch Buecher.de, Frensdorf

ISBN: 978-3-932053-89-4

Inhaltsverzeichnis

Inhaltsverzeichnis

4

Vorwort

Manchmal fallen Projekte, wie man so schön sagt, buchstäblich vom Himmel. Als Peter Essenwein mir kürzlich seine „gesammelten Aufsätze" zuschickte mit dem Vermerk, sie wären einfach zu lang für Artikel in den Karl-May-Nachrichten oder in Karl May & Co, war mir eines klar: Diese akribisch ausgeführte Recherche-, Denk- und Schreibarbeit sollten mehr Karl-May-Freunde zu Gesicht bekommen als nur der Autor und eben meine Wenigkeit. Also war guter Rat teuer, was man machen könnte.

Da fiel mir wenige Tage später ein Artikel ein, den ich vor kurzem unter dem Titel: „Phänomen Karl May" geschrieben hatte. Eine zweite kurze Abhandlung über die erstaunliche Anzahl an Karl-May-Freilichtbühnen und warum immer mehr Freilichttheater dazukommen und Karl May spielen, nahm ich sofort mit Feuereifer in Angriff. So reifte in mir dadurch rasch der Gedanke, unsere Artikel zusammenzulegen und einfach in einem gemeinsamen Buch erscheinen zu lassen.

Natürlich ist dieses ein „wildes" Sammelsurium – sprich einen roten Faden oder einen logischen Aufbau werden Sie (hoffentlich nicht schmerzlich) in diesem Werk vermissen.

Jeder Artikel steht für sich und hat inhaltlich wenig bis gar nichts mit dem nächsten oder vorherigen zu tun. Es ist halt nicht mehr und nicht weniger als eine zufällig zusammengetragene Aufsatzsammlung, also *etwas* zum Thema Karl May.

Und den Löwenanteil dieser Arbeit hat ohne Frage Peter Essenwein dafür abgeliefert!

Ich denke aber doch, dass für den einen oder anderen Karl-May-Freund etwas bei diesen Aufsätzen dabei ist, was ihn interessiert, Gedankengänge in eine Richtung, die er noch gar nicht beleuchtet hat, ob er nun buchaffin, Hörspielliebhaber oder mehr ein Freund der Filme oder gar der Bühne ist.

Allen wünsche ich auf jeden Fall beim Lesen viel Vergnügen!

Hamburg, in Herbst 2015

Reinhard Marheinecke

Das Phänomen Karl May

W as macht den Reiz Karl Mays im 21. Jahrhundert eigentlich
noch aus? Die Kids heute lesen doch so gut wie nicht mehr!
Tablet, Smartphone, Spielkonsolen für den Anschluss an den Fernseher, Kleinstspielkonsolen mit integriertem Bildschirm ... – eigentlich
alles, was einen flirrenden, bunten Bildschirm hat und bearbeitet oder
nur einfach konsumiert werden kann, reizt viel, viel mehr.

Neulich sagte sich mein „Stiefenkelkind" aus Dortmund für eine
Woche bei uns zu Besuch an. Der zwölfjährige Junge wollte endlich
einmal allein, ohne die Eltern verreisen. Den ersten Tag bekam ich
dann einen Kulturschock. Von 24 Stunden war der Bengel gefühlt 20
Stunden online. War er nicht mit seinem Smartphone spielend im
Gange, holte er das Tablet aus der Reisetasche heraus, fragte danach,
ob er mal an meinen Labtop dürfte und schwupps – hatte er sich mit
seiner Freundin aus Dortmund in einem Spielechat getroffen, und sie
spielten gemeinsam ein wüstes Onlinespiel. Als er dann tatsächlich
zu den Nachbarskindern hinüber wollte, war ich erleichtert - aber
weit gefehlt. Mein Nachbar erzählte mir später, dass sich die Kinder
dann zu viert umgehend verdrahtet hätten und stundenlang mit ihrem
Nintendo DS beschäftigt gewesen waren. Die Viertelstunde Long-
boardfahren in der Wendekehre unserer Straße war nur ein Ablen-
kungsmanöver und eine Beruhigungspille für die „Alten". Kaum
vom „Spielen" zurück fragte er, ob er den Fernseher anschalten dür-
fe. Naiv bejahte ich, denn er hatte ja angeblich stundenlang mit anderen Kindern gespielt. Nun wurden furchtbare Comicserien mit gräss-
lichen Gestalten in Serie konsumiert, oh, wie sehnte ich die gute alte
Walt-Disney-Zeit zurück ... Als ich am nächsten Morgen sagte, bei
uns gäbe es ab sofort nur zwei Stunden täglich vor egal welchem
Bildschirm oder neudeutsch Screen, wurde ich von ihm wie ein Ne-
andertaler angesehen. Die Zeiten haben sich halt geändert. Wo bleibt

da überhaupt noch die Zeit oder die Lust zum Lesen? Doch zurück zu Karl May.

Es sind eben zumeist andere Zugangswege als das Buch, die die Kinder oder vielleicht eher die jungen Erwachsenen (?) heute zu Karl May führen. Wenn ich mir allein die deutschsprachigen Freilicht-bühnenaufführungen dieses Jahres (2015) betrachte, da wimmelte es doch nur so an Karl-May-Stücken:

- Im Tal des Todes (Bad Segeberg)
- Der Schatz im Silbersee (Elspe)
- Winnetou I (Rathen)
- Der Schatz im Silbersee (Dasing)
- Old Surehand (Mörschied)
- Old Shatterhand (Bischofswerda)
- Winnetou I (Greifensteine)
- Winnetou I – Beginn einer Legende (Burgrieden)
- Das Halbblut (Twistede)
- Der Ölprinz (Pluwig)
- Winnetou I (Gföhl)
- Winnetou im Tal des Todes (Winzendorf)
- Das Buschgespenst (Marienberg, Zwönitz, Augustusberg)

Sage und schreibe 13 Bühnen spielten Karl May, welcher Autor kann das sonst von sich nur annähernd behaupten? Natürlich sind nicht überall wie in Bad Segeberg weit über 300.000 Besucher und mehr pro Saison zu verzeichnen, aber Karl May zieht also auf der Bühne mehr denn je. Die Bühne hat längst ihre eigenen Kultfiguren geschaf-fen, wie Joshy Peters zum Beispiel, der dieses Jahr seine sage und schreibe 1500. Vorstellung im Kalkbergrund Bad Segebergs absol-vierte. Es gibt kaum eine Rolle, die er dort im Sand der Arena nicht gespielt hat, wobei nicht unbedingt alle auch in Karl-May-Büchern vorkommen, denn die Stücke sind immer mehr „frei nach Karl May": Ob Winnetous Blutsbruder Old Shatterhand, Old Surehand, den

8

Ölprinzen, Karl, den Deutschen, Großer Wolf, Roulin, Buffalo Bill ..., viele Besucher kommen nur seinetwegen, solch eine große Fangemeinde hat er.

Doch was macht den Reiz dieser Spektakel unter freiem Himmel aus? Der Kampf Gut gegen Böse, einfach durchschaubare Strukturen, klare Schwarz-Weiß-Malerei in dem das Gute zumeist am Ende siegt... Winnetous Tod ist da ein grober Ausrutscher des Autors, der später dem großen Karl May Filmproduzenten Horst Wendlandt herbe Kritik der Fans einbrachte: *„Schämen Sie sich nicht, Herr Wendlandt? ... Ein Produzent lässt Winnetou sterben" (Bravo).* Der Aufschrei der Entrüstung war groß. In den 50-er Jahren hingegen war es eher gefährlich Winnetous Todfeind zu sein, wie 1953 für den Santer-Darsteller Achim Schmidtchen in Bad Segeberg, der nach dem Mord an Winnetou von den Kindern nach der Vorstellung mit Steinen beworfen wurde und sich schleunigst in Sicherheit bringen musste.

Auch die Filmklassiker aus den 60-er Jahren mit Pierre Brice und Lex Barker flimmern nach wie vor ständig auf allen Fernsehkanälen, nicht nur zur Weihnachtszeit. Selbst diese alten „Schinken" führen immer wieder neue „Fans" zu Karl May, wie man auf Nachfrage erfährt. Und Cineasten kommen ins Schwärmen, gibt es die Filme nun doch mittlerweile alle (außer „Das Vermächtnis des Inka") in einer Qualität auf blu ray disk, wie man sie in Schärfe und Farbenpracht selbst bei den Erstaufführungen nicht im Kino erleben konnte.

Eine riesige Fangemeinde von „Film-Freaks" sucht inzwischen in den Ländern des ehemaligen Jugoslawiens nach den allerletzten, noch nicht entdeckten Drehorten. Ich habe es in Kroatien 2007 selbst erlebt, wie ein Fan ein Daumenkino im Format einer Bibel mit sich herumschleppte und Hunderte von Seiten durchblätterte, um genau die Stelle zu finden, auf der Nscho-Tschi (Marie Versini) in „Winnetou I" Old Shatterhand (Lex Barker) anhimmelte. Selbst die Jugoslawen haben die Macht der alten Karl-May-Filme inzwischen längst entdeckt und veranstalten jedes Jahr Fantreffen, zum Beispiel im Hotel Alan, und laden nach Starigrad-Paklenica in Kroatien ein. Da stehen dann 100 Verrückte (man verzeihe mir den Ausdruck, aber so müssen die Einheimischen doch denken) zum Beispiel an den Bahngleisen und filmen und fotografieren den heranrauschenden Schienenbus auf genau den Schienen, auf denen in „Winnetou I" die grüne Westernlok vor mehr als einem halben Jahrhundert nach Roswell herandampfte. Danach werden die eigenen geschossenen Fotos peinlichst genau mit den Szenenfotos aus den jeweiligen Karl-May-Filmen verglichen.

Dazu kommt die Flut an Karl-May-Sekundärliteratur, ob nun Filmbildbände, Bücher über Figurenwelten, Interviews mit den Stars der Filme und Bühne, Fan-Fiction, die ebenfalls einen beständigen Leserkreis gefunden hat, denn es kann ja schließlich keinen neuen Winnetou-Roman von Karl May mehr geben (ich selbst komme inzwischen auf 42 eigenständig verfasste Bücher mit neuen Abenteuern der berühmten Helden! Der Karl-May-Virus lässt mich halt nicht los), was selbst den Karl-May-Verlag dazu veranlasste, Karl May ergänzende Werke nicht nur von Kandolf, sondern inzwischen auch von Jeier, Kastner, Gill oder Eicke auf den Markt zu bringen.

Hörbücher kommen in steter Regelmäßigkeit nicht nur vom Karl-May-Verlag heraus, dort von guten Sprechern wie Peter Sodann oder Heiko Grauel gelesen, ungekürzt, oft 16 Stunden lang, denn viele Kunden lesen ja nicht mehr, sondern hören lieber die Geschichten während der Autofahrt oder unter der Bettdecke auf ihrem MP3 Spieler.

Sind in den vergangenen Jahrzehnten viele Kinder mit den Langspielplatten oder später Musikkassetten mit Hörspielen der Karl May Abenteuer aufgewachsen, dieses Genre hatte seine eigenen Stars wie zum Beispiel Konrad Halver, so bekommt der „Hörspielfreak" derzeit einfach alles was das Herz begehrt. Selbst die Großproduktionen des Deutschen Rundfunks (WDR) aus der Nachkriegszeit, in denen so berühmte Schauspieler wie Gustav Knuth und Hans-Jörg Felmy mitmachten, sind heute als Silberling erwerbbar. Wahre Schätze aus den Hörspielarchiven des Senders aus den Jahren 1955 bis 1958 sind so heute für jedermann erhältlich. Für die Regie zeichneten unter anderem Joseph Offenbach oder Kurt Meister verantwortlich!

Die RatPack Filmproduktion, Mythos Film, Rialto Film, Tabbenoca und RTL Television werden sich schon etwas dabei gedacht haben, für das Weihnachtsgeschäft 2016 sogar gleich drei neue abendfüllende Spielfilme nach Motiven Karl Mays auf den Markt zu bringen. „Winnetou und Old Shatterhand", „Winnetou und der Schatz im Silbersee" und „Winnetous Tod". Eine illustre Riege hat man für das Megaprojekt zusammengetrommelt. Regie führt Philipp Stölzl, der unter anderem so erfolgreiche Filme wie „Der Medicus", „Nordwand", Goethe" und „Die Logan-Verschwörung" zu verantworten hat. Auch die Schauspielerriege liest sich nicht schlecht: Wotan Wilke Möhring (Old Shatterhand), Nik Xhelilajj (Winnetou), Milan Peschel (Sam Hawkens), Iazua Larios (Nscho-tschi), Gojko Mitic (Intschu tschuna) Jürgen Vogel (Rattler), Mario Adorf (Santers Vater), Michael Maertens (Santer), Oliver Masucci, Fahri Yardim, Matthias Matschke in weiteren Rollen und viele andere mehr. Für die Musik zeichnet wieder einmal Martin Böttcher verantwortlich, wenn diese auch modernisiert präsentiert werden soll, und gedreht wird wieder wie vor 50 Jahren in Kroatien. Ob Letzteres so sinnvoll ist bleibt abzuwarten. Nichts wäre furchtbarer als ein billiger Abklatsch der erfolgreichen Filme der 60-er Jahre. „Winnetous Rückkehr" aus dem Jahre 1998 ist jedem Karl-May-Fan noch schmerzlich als absolutes „no-go" in Erinnerung. Die deutsche Filmförderung ist aber von dem neuerlichen Projekt „Winnetou" so überzeugt, dass sie einen siebenstelligen Eurobetrag dazu beisteuert.

Jedes Jahr werden inzwischen aufwendig restauriert die Karl-May-Comics der letzten Jahrzehnte, ob nun von Helmut Nickel, Juan Arranz u.a., in teuren Alben herausgebracht. Sehnsüchtig warten die Fans schon seit zwei Jahren auf das Album mit den Zeichnungen von Walter Neugebauer, die er vornehmlich für die Kinderzeitschrift „Fix & Foxi" gemalt hatte.

Michael Petzel veröffentlichte dieses Jahr im Karl-May-Verlag sogar die Filmbildgeschichten der 60-er Jahre im Großformat (25 x 34 cm), seinerzeit wöchentlich jeweils eine Seite in Magazinen und Fernsehzeitschriften wie „Bild und Funk" und „Bunte" in Farbe abgedruckt, die man sich nach dem Sammeln aller Blätter dann zu einem Album selbst zusammenkleben konnte. Nun kann man alles auf einmal in einem Prachtband bekommen und da scheuen die Fans auch keinen Preis, der schließlich immerhin knapp dreistellig ist.

Das Karl-May-Archiv in Göttingen (Michael Petzel) und die Karl-May-Sammlung in Hamburg (Thomas Winkler) haben in den letzten Jahrzehnten nicht unerheblich zum Hype, erst um die Filme, dann immer mehr zunehmend um die gesamte Karl-May-Szene beigetragen. Die fast jährlich stattfindenden Karl-May-Feste ob in Berlin, Radebeul, Elspe oder Bad Segeberg, zu denen immer prominenter Starbesuch eingeladen wurde, oder alternativ die sogenannten „Göttinger Archivtage" waren (und sind es immer noch) stets gut besucht und brachten einiges an Medienecho und öffentlicher Wahrnehmung.

Auch das Karl-May-Magazin „Karl May & Co", das immerhin inzwischen in einer Auflage von 1.600 Exemplaren viermal jährlich erscheint, trägt zur Verbreitung und Erhaltung des Karl-May-Mythos bei. Mit dem „Beobachter an der Elbe", den KMG-Mitteilungen der Karl-May-Gesellschaft und diversen kleinen Fan-Magazinen wie „Karl-May-Treff" oder „Das Winnetou – Karl May- Fan-Magazin", die mehr die Bühnenfreunde ansprechen, aber auch durch diverse Internet-Seiten wie zum Beispiel „karl-may-filme.de", „kmfilmbilder.info", „karl-may-wiki" und „karl-may-buecher.de", zudem noch Karl-May-Freundeskreise in der ganzen Republik, wie Berlin-Brandenburg, Leipzig oder Freiburg, die zum Teil phantastische Webseiten (Freundeskreis Berlin-Brandenburg e.V.) unterhalten, hat man den Eindruck, in Deutschland an Karl May kaum vorbeigehen zu können.

Und wenn von der jüngeren Generation jemand – wodurch auch immer – Blut geleckt hat: Welcher Vater hat nicht zumindest noch eine Handvoll der Gesammelten Werke des Karl-May-Verlages in seinem Bücherschrank stehen? Auch wenn man sie nicht mehr liest, aber sie sehen zu kostbar und dekorativ im Schrank aus, als dass man sie wegwerfen oder einfach verschenken würde. Als ich noch als Kabarettist durch deutsche Lande zog, habe ich mir einen Spaß daraus gemacht, unterwegs in den Bücherschränken von Römö bis Basel nach den grünen Bänden zu suchen und wurde selten enttäuscht, sprich einmal keine „Grünen" vorzufinden.

In der Neuzeit ist der Hype, den Karl May zuletzt in den 60-er Jahren massiv auslöste, nur mit Joanne K. Rowlings „Harry Potter", J. R. R. Tolkins „Herr der Ringe" (auch hier führten die grandiosen Filme der Jahre 2001 bis 2003 zum neuen Aufleben des Hypes), Suzanne Collins „Die Tribute von Panem" (Original „The Hunger Games"), oder George R. R. Martins „Das Lied von Eis und Feuer", besser bekannt unter „Game of Thrones" zu vergleichen. Doch die letztgenannten Werke müssen erst einmal beweisen, ob sie noch 100 Jahre nach des Autors Tod eine Bedeutung in der deutschen bzw. internationalen Literaturlandschaft haben. „Der Herr der Ringe" stammt immerhin aus dem Jahr 1954, hat es also zumindest schon auf über 60 Jahre „Lebensweg" geschafft. Und bei Goerge R. R. Martins Station auf seiner Lesereise im Sommer, im Hamburger Congress-Centrum lauschten 3.000 Fans den Zeilen (wenn auch auf Englisch) des nächsten Romans, erinnern stark an Karl Mays Reisen durch deutschsprachige Lande auf der Spitze seines Ruhms.

War die Zufluchtsstätte bei den Harry-Potter-Romanen für den Haupthelden die Zaubererschule Hogwarts bei seinen unverbrüchlichen Freunden Hermine und Ron Weasley, hat der Ich-Erzähler Karl May dagegen das Pueblo am Rio Pecos bei seinem Blutsbruder Winnetou oder die Zelte der Haddedihn bei seinem vormaligen Diener und nun befreundeten Gefährten Hadschi Halef Omar Ben Hadschi Abul Abbas Ibn Hadschi Dawuhd al Gossarah (einen Namen, den in den 60-er Jahren noch jedes Kind auf Aufforderung auswendig daher sagen musste, wenn es nicht ein „Loser" sein wollte). So haben die Leser immer Orte, wo sie die Realität verdrängen oder vergessen können.

Wut und Ärger an der Umwelt ließ der Autor Karl May einfach an seinen fiktiven Figuren aus. Er rächte sich literarisch so an vielen Menschen, die ihm vermeintlich oder tatsächlich Schlechtes angetan hatten, wenn sie auch zumeist gar nicht wussten, dass sie mit der späteren literarischen Figur gemeint waren. Auch da gibt es leichte Parallelen, denn Joanne K. Rowling zum Beispiel war auch wie May lange Zeit auf der Verliererseite des Lebens, May als „Knacki", Rowling als Sozialhilfeempfängerin, als sie anfing, ihren „Harry Potter" zu schreiben.

Es ist heute kaum noch vorstellbar, dass zur sogenannten „Kontakt Tournee" des damaligen Winnetou-Darstellers aus Bad Segeberg, Heinz Ingo Hilgers, bei der er für ein großes Kaufhaus (Karstadt) quer durch Deutschland die Karl-May-Bücher des Tosa Verlages signierte, unfassbare Menschenmengen zusammenströmten. In Nördlingen stand in den 70-er Jahren in der Zeitung „Winnetou ließ den Straßenverkehr zusammenbrechen". Fotos aus Orten wie Herford, Recklinghausen, Moers und anderswo bezeugen den seinerzeitigen Wahnsinn. Hunderte, ja Tausende Schaulustige säumten seinen Weg, wenn Hilgers im Kostüm zumeist auf einem Pferd durch die Straßen zum Kaufhaus ritt, wenn es auch oft kein Rappe sondern ein schneeweißer Schimmel war. Einen Iltschi konnte man eben nicht so ein-

14

fach überall auftreiben. Selbst bei den Karl-May-Spielen in Bad Segeberg musste man in den Anfängen, da kaum Pferde vorhanden, schon einmal ein Tier für die Bühne umfärben, damit es schwarz war, heute auch kaum mehr vorstellbar.

Auf der anderen Seite: Was macht den Umgang mit Karl May denn heute neben der „Leseunlust" so schwierig? Seit Jahrzehnten versuchten immer wieder Filmfirmen, Winnetou zu reaktivieren. Gut, Karl Mays Werke sind in erster Linie „deutsche Bücher" mit zumeist „deutschen Helden", wenn die Bücher auch im ganzen Ostblock, Skandinavien, Frankreich und Holland und anderswo beachtlichen Absatz fanden. Die US-Firmen winkten dennoch zumeist ab, bevor es zum Schwur kam, da sie nicht die alleinigen Merchandise-Rechte an den Figuren und Titeln erhalten konnten. Es gibt nun einmal seit Jahrzehnten Preiser Elastolin Figuren der Helden aus Karl Mays Werken, sowohl im Gewand der Bücher als auch im Gewand der Filme der 60-er Jahre, die Bücher historisch-kritisch oder stark bearbeitet von Dutzenden Verlagen, Bildbände, Puzzles, Quartettspiele, wenn die meisten der letztgenannten Dinge auch nur noch auf Flohmärkten oder bei Karl-May-Treffen käuflich zu erwerben sind. Da haben es die Filmschaffenden mit Stoffen wie Godzilla, Batman, Superman und anderen Remakes viel einfacher. Walt Disney sucht seine Stoffe nur noch nach dem vermeintlichen Merchandising Erfolg aus. Der Film ist fast schon nebensächlich, zumal die meisten Filme heute kaum mehr als 2-3 Wochen im Kino zu finden sind. Gäbe es nicht die globale Vermarktung auf DVD, Blu ray, CD und die weltweiten Fernsehrechte, würden viele Filme nicht einmal ihre Kosten wieder einspielen.

Natürlich scheiden sich auch die Geister, ob die Sprache Karl Mays noch zeitgemäß ist. Ob nun Langatmigkeit, das oftmalige Frömmeln oder ausgedehnte Landschaftsbeschreibungen in der heutigen, schnelllebigen Generation noch ankommen. Auf der anderen Seite steht eine Aktualität, die manchmal erschreckend ist, wenn man sich heute nur einmal den Vorderen Orient anschaut. Man gewinnt oft den Eindruck, dort hätte sich seit Karl Mays Schilderungen kaum etwas geändert. Pionier war May vor allem in seiner Liebe zu den roten Völkern, in einer Zeit, wo allüberall auf der Welt eher der Nationalismus aufblühte. Amerika nähert sich erst in letzter Zeit vorsichtig dieser Epoche seiner Geschichte - das Ausrotten der Indianervölker - an (das schlechte Gewissen?).

Das Gute bei der Karl May Lektüre ist, dass es für jeden Geschmack etwas gibt. Für die Kinder stark gekürzte und kindgerechte Bücher mit den schönsten Winnetou-Geschichten, Bearbeitungen seiner Werke, die sprachlich eher der heutigen Zeit entsprechen, und die historisch-kritischen Ausgaben mit möglichst originalgetreuen Texten. Ich glaube, heute fängt selten jemand mit letztgenannten Bänden an, sondern muss sich in die Materie Karl May erst so nach und nach hineinarbeiten, um sich dann im zweiten Anlauf an das schwerer verdauliche Ur-Werk heranzupirschen. Und von welchem anderen Autor gibt es einen solchen Umfang lesetechnisch zu bewältigen? Die Gesammelten Werke erreichen bald die Nr. 100, wenn das so weitergeht. Bei Karl May denken immer alle an Winnetou, aber der taucht überhaupt nur in 15 seiner Bücher auf. Die Orientromane, die opulenten Kolportagewerke, ein Schauspiel für die Bühne („Babel und Bibel") und das Spätwerk, das in eine reine Symbolik abdriftet und sich mit der Menschheitsfrage beschäftigt, für jeden ist etwas dabei.

Eines ist jedenfalls sicher, der Mythos lebt! Winnetou, wenn auch literarisch erschossen, lebt weiter und weiter und weiter (wie ein VW läuft...) und wird vermutlich auch noch lange, lange weiterleben. Mit über 100 Millionen verkauften Büchern ist er der meistgelesene Schriftsteller deutscher Sprache! Und wer hätte nicht gern einen unerschrockenen, edlen Freund und Blutsbruder, auf den er sich in jeder Lebenslage verlassen kann? — Nicht nur einen imaginären

Freund, wie viele Kinder ihn sich ausdenken, wenn sie denn keinen echten Freund haben oder finden.

Und egal über welchen Zugangsweg, irgendwann greifen die Festspielbesucher, Hörbuch- oder Hörspielfreunde, Filmliebhaber doch zu einem Karl-May-Buch. Karl May ist längst ein Klassiker der Volksliteratur geworden, ohne dabei aber zu verstauben, weil von zu vielen Seiten versucht wird, ihn zeitgemäß und lebendig zu erhalten.

In diesem Sinne wünsche ich mir und allen weiterhin viel Spaß mit meinem (und Ihrem?) Lieblingsautor!

Quellen:

Reinhard Marheinecke/Nicolas Finke: Karl May am Kalkberg, Karl-May-Verlag, 1999, Bamberg

Laroche/Marheinecke: Erinnerungen an Winnetou – Heinz Ingo Hilgers – Ein Schauspielerleben, Verlag Reinhard Marheinecke, 2005, Hamburg

Bernhard Schmid/ Jürgen Seul: 1913-2013 – 100 Jahre Karl May Verlag, Karl-May-Verlag, 2013, Bamberg

Archiv der Jugendkulturen e.V. (Hrsg.) – 50 Jahre Bravo, 2005, Berlin

Michael Petzel: Karl-May-Filmbildgeschichten, Karl-May-Verlag, 2015, Bamberg

Karl May & Co – Das Karl-May Magazin, Ausgaben 2/15, 3/15, Mescalero e.V., Borod

Hamburger Schauspieler stellt Rekord am Kalkberg auf, Hamburger Abendblatt, 03.08.15

Fremde Spuren auf Winnetous Pfaden

oder

Was galt der amerikanische Ureinwohner den Vertretern der Entdeckernationen?

- ein Blick auf das Indianerbild des Europäers der Entdeckerzeit -

„Fremde Spuren auf Winnetous Pfaden"? Was könnte dieser Titel meinen? Der Kenner des Werkes von Karl May weiß von der Winnetou-Trilogie und daneben auch von einem Band mit einer Reihe kürzerer Erzählungen unter dem Sammeltitel „Auf fremden Pfaden", aber darüber hinaus? Zwar war für die Kino-Saison 1966/67 ein Film unter dem Titel „Winnetou auf fremden Pfaden" angedacht gewesen, aber was sagt das schon? Die Intention des Verfassers dieses Textes jedenfalls liegt anderswo!

Überall dort, wo man deutsch spricht, ist der Name Winnetou zum Inbegriff des edlen Indianers geworden; auch wer keine Zeile aus dem Werk Karl Mays gelesen hat, weiß von dieser märchenhaften Gestalt und so soll diese auch hier als Synonym für den (nord-) amerikanischen Ureinwohner schlechthin als Grundlage für einen investigativen Blick darauf benutzt werden, wie es denn zur Genese des Indianerbildes bei den Entdeckernationen und auch in unserem eigenen Lande kam, was ja wiederum seinen Niederschlag im Werk des sächsischen Fabulierers fand. Da nun Karl May und seine Schöpfung eben ein Phänomen hauptsächlich des deutschen Sprachraums darstellen, wäre der rote Gentleman[1] im außerdeutschen Bereich wirklich auf fremden Pfaden unterwegs gewesen. Dennoch werden Karl

---

[1] Der ursprüngliche Titel des Romans „Winnetou I" war „Winnetou, der rote Gentleman"

May selbst und sein Erzählwerk erst gegen Ende dieser Betrachtung ein wenig ausführlicher angesprochen werden.

Wer heutzutage die Welt für sich privat entdecken will, geht ins Reisebüro und bucht eine Fahrt zur Stätte seiner Sehnsucht oder auch Begierde. Tatsächlich scheint es fast nur noch eine Frage der Finanzen zu sein, jederzeit zu beinahe jedem Ort auf unserem Erdball gelangen zu können. Einschränkungen gelten nur für Gegenden extremer Bedingungen wie die Regionen von Arktis und Antarktis, die Höhen des Himalaja und die Tiefen der Ozeane sowie die Wüstengebiete – dahin und auch in die dem Moslem heilige Stadt Mekka werden keine Pauschalreisen für Lieschen Müller angeboten. Tabu-Zonen finden sich eben immer noch da und dort. Wollen wir uns auch über solche Orte informieren, so steht uns eine reiche Auswahl an Berichten derer zur Verfügung, die dort waren und glücklich zurückkehrten.

Aufzeichnungen von Expeditionen blicken auf eine lange Tradition zurück. Ursprünglich gedacht zur Information und als Rechenschaftsbericht für die Auftrags- und Geldgeber, wurden sie bald auch zum Mittel der Unterrichtung einer breiteren Öffentlichkeit, bis wir dann bei Forschungsreisenden des 19. Jahrhunderts, wie z. B. Alfred Brehm (1829-1884), eine veritable Dreiteilung finden in den traditionellen Rechenschaftsbericht, dessen wissenschaftliche Auswertung und die Schilderung der Abenteuer, denen die Forscher dabei gelegentlich begegneten, für ein interessiertes Lesepublikum. - Aus der Mitte des ersten vorchristlichen Jahrtausends ist uns vom phönizischen König Hanno bekannt, dass er noch vor 480 auf dem Seeweg nach Süden an Afrikas Westküste entlang bis zum Kamerunberg, einem aktiven Vulkan, vielleicht sogar bis zum Äquator gelangte, um seinem Reich neue Handelsgüter, -wege und wohl auch -partner zu erschließen. Da große Teile seines nur in einer griechischen Kopie erhaltenen Berichts ganz offensichtlich jedoch fehlen – als die Fahrt in etwa auf der Höhe des heutigen Kamerun angekommen ist, bricht der Text unvermittelt ab -, vermutet so mancher, König Hanno habe Afrika von der Straße von Gibraltar bis zum Sinai ganz umrundet.

Zumindest dem Namen nach ist jedem von uns der Reisebericht des Venezianers Marco Polo (1254-1324) vertraut, aber einige von denen, die ihn tatsächlich ganz gelesen haben, sehen ihn mehr den Märchen aus 1001 Nacht als dem Hanno von Karthago verpflichtet, weil er ihrer Ansicht nach viel zu wenig typisch Chinesisches[2] bietet. Von dem so tragisch gescheiterten Briten Robert F. Scott [(1868-1912), dessen Tagebuchnotizen immerhin überlebten] bis zum Bericht des glücklicheren Südtirolers Reinhold Messner (*1944) über Wissenswertes vom Südpol, den Aufzeichnungen über die Erstbesteigung des Mount Everest durch den Neuseeländer Edmund Hillary (1919-2008) mit und Messners (!) lange vor seiner Antarktisfahrt durchgeführte Tour auf den Gipfel des gleichen Berges ohne Atemgerät, Schilderungen des Tauchgangs mit der eigens dafür konstruierten Bathyscaphe „Trieste" in die tiefsten Tiefen der Weltmeere (den Marianengraben mit einer Sohlentiefe von ca.11 km unter NN) durch den Franzosen Jacques Piccard (*1922) und den Memoiren des Briten Richard Burton (1821-90), dem es im 19. Jahrhundert gelang, als Nichtmoslem Mekka zu besuchen und dabei unentdeckt zu bleiben, können wir alles nachlesen, was unser Interesse erregt oder auch wozu unsere Neugier uns treibt. Dazu kommen starre Bilder über die Millennien, seit dem 19. Jahrhundert das Foto und von Anfang des 20. Jahrhunderts an das bewegte Bild im Film und später auch im TV, zuletzt noch das Internet mit seinem riesigen, wenn auch kaum kontrollierbaren und wenig, falls überhaupt, kritisch reflektierten Angebot. Wichtig für den Empfänger all dieser Informationen ist, sich bewusst zu machen, dass sie stets und in jedem Einzelfall von der Subjektivität des Informanten mitgeprägt sind. Wahre Objektivität kann man nahezu ausschließlich vom Wissenschaftler erwarten,

---

[2] Untersuchungen in jüngster Zeit scheinen die Authentizität der Reise jedoch zu bestätigen.

der sich vorurteilsfrei dem Objekt seiner Betrachtung nähert oder dies zumindest doch tun sollte.

Werfen wir also einen Blick auf die Nationen, die uns Europäern Amerika als Erste auf Dauer öffneten und die damit auch die Ersten waren, die Gelegenheit hatten, das Bild des neuen Kontinents für die weitaus überwiegende Zahl der Daheimgebliebenen zu zeichnen. Versuchen wir, uns Ausgangslage, Vorbedingungen und Selbstverständnis derjenigen zu vergegenwärtigen, die maßgeblich an diesen Unternehmungen beteiligt waren. Vergessen wir also die Phönizier, die nach Hannos glücklicher Heimkehr aus dem Süden den Ozean in der Mitte des letzten vorchristlichen Jahrtausends möglicherweise in Richtung Westen überquerten, vergessen wir sie, auch wenn wir aus Heinke Sudhoffs ebenso aufschluss- wie kenntnisreichem Buch „Sorry, Kolumbus" (Bergisch-Gladbach 1990) von einer auch auf dem Schutzumschlag abgebildeten Maya-Vase[3] wissen, die uns einen mongoliden, einen negriden und einen europiden Menschen nebeneinander zeigt. -- In diesem Buch legt Sudhoff, wenn auch eher nebenbei, auf einer reichen Dokumentation über zahlreiche Quellen aufbauend, auch sehr überzeugend mallorquinisch/jüdische Vorfahren des Entdeckers nahe.

Bei allem Wagemut und allem bereits erworbenen Wissen war Seefahrt damals aber primär und generell doch Küstenschifffahrt! Vergessen wir also ebenfalls die Wikinger, die den „Skraelingar" (= Schwächlingen), wie sie der Überlieferung nach die Ureinwohner des Doppelkontinents nannten, einen kühnen, wenn auch nur kurzen (und letzten eigenständig skandinavischen) Besuch abstatteten.

---

[3] Diese Vase stammt aus der Zeit, in der die Phönizier als Entdecker und Kolonisatoren auf dem Höhepunkt ihrer diesbezüglichen Aktivitäten angekommen waren und, wie uns in verschiedenen Quellen zuverlässig berichtet wird, auch in den Okeanos, das Weltmeer, hinausfuhren. Wie weit diese Fahrten jedoch führten? Wer weiß es zu sagen?

Vergebens wird dabei auch die Suche nach offiziellen Vertretern Russlands sein. Angehörige dieser Nation drangen zwar über die Beringstraße nach Alaska (1741 von dem Dänen Vitus Bering entdeckt, der in russischem Auftrag unterwegs war) vor, ließen sich als Fischer und Pelztierjäger in küstennahen Regionen bis ins Gebiet des heutigen Kalifornien nieder, gründeten entlang der nordamerikanischen Pazifikküste auch Ansiedlungen und kleinere Kolonien, aber all das waren Unternehmungen privater Natur, keine von einem Zaren oder einer Behörde in Auftrag gegebenen Aktionen. Diese Nation war nämlich jahrhundertelang nahezu ausschließlich damit beschäftigt, ihren Einflussbereich über Sibirien bis an den Pazifik auszudehnen, immer auch auf der Suche nach von anderen Nationen nicht kontrollierten und kontrollierbaren permanent eisfreien Häfen an ihren Küsten. Der Weg aus der Ostsee zieht sich nun einmal im Norden entlang Schweden und Norwegen, im Süden an deutschem und dänischem Gebiet, der Weg aus dem Schwarzen Meer sogar mitten durch türkisches Territorium, was eine Geheimhaltung maritimer Truppenbewegungen der russischen Seite in diesen Räumen vollständig unmöglich macht. Dieses Streben, die Suche nach eisfreien Häfen, führte in jüngster Zeit letzten Endes dann auch zum Einmarsch in Afghanistan, dem sich im Erfolgsfall wohl der Versuch einer Annexion Pakistans angeschlossen hätte. – Von Alaska bis hinab nach Mittelamerika entstanden, wie gesagt, nur einige wenige russische Ansiedlungen, die aber im Jahr 1867 zusammen mit Alaska für 7,2 Millionen Dollar an die USA verkauft wurden. Bis zur Entdeckung der Goldfelder und anderer Bodenschätze dort sprach man von diesem Erwerb als von „Sewards folly" oder auch „Sewards icebox", der Narretei, bzw. dem Kühlschrank von William Henry Seward (1801-72), dem Außenminister der Präsidenten Lincoln und Johnson, der für den Ankauf verantwortlich gezeichnet hatte. Erst als Ergebnis der Goldfunde am Yukon, die den Ansturm von 1897 bis 1899 auslösten, wurden die Stimmen dann freundlicher.

Vergessen wir auch Italien, aber nicht die Italiener! Christophoro Colombo (1451-1506) war trotz etwas unsicherer Herkunft der Familie gebürtiger Genuese, auch wenn andere Nationen, Regionen und Städte[4] ihn ebenfalls gerne vereinnahmen möchten. Er fuhr und forschte allerdings in spanischem Auftrag, wie viele weitere Italiener, aber auch Deutsche und Niederländer. Viele von ihnen gerieten in Vergessenheit, sind sogar den Gelehrten nur noch als Fußnoten aus Fachbüchern geläufig. Einer aus dieser Riege ist der in französischem Auftrag fahrende Giovanni da Verrazano (1485-1528), Spross einer Familie, die noch heute ein Weingut (mit einem Abbild des einst berühmten Namensträgers nebst einem biografischen Hinweis auf seine Entdeckertätigkeit auf dem Flaschenetikett) in der Toskana[5] betreibt und nach dem die Verrazano Narrows vor dem Hafen von New York, eine ihrer Untiefen wegen problematische Stelle für die Schifffahrt, benannt sind. Auch Giovanni Caboto (ca. 1425 - ca. 1498), im englischsprachigen Bereich besser bekannt als John Cabot, gehört neben anderen noch hierher.

Allgemein bekannt, wenn den meisten auch nur noch durch den Namen eines Handelsgutes, dürfte aus diesem Umfeld ebenfalls der Name des letzten Gouverneurs von Neu-Amsterdam, des Niederländers Peter Stuyvesant (1592-1672) sein. Dessen letzte Amtshandlung war es, die Stadt 1664 an die Engländer zu übergeben, die sie dann in New York umbenannten.

Einer der wenigen hier zu erwähnenden Deutschen ist als Mitbegründer der Stadt Buenos Aires im südamerikanischen Argentinien

---

[4] in Frankreich Marseilles, innerhalb des spanischen Hoheitsgebiets unter anderem die Insel Mallorca – manche vermuten in ihm sogar einen unehelichen Spross des Königshauses -, im deutschen Sprachraum nennt man ihn zeitweise Christoffel Däubler (von lat. columba – die Taube, also Täubler, also...) – auch das eine versuchte Aneignung oder doch nur das etwas gewaltsame Bemühen, den Namen einzudeutschen?

[5] Castello di Verrazano, wie der Verfasser dieses Aufsatzes im Rahmen einer Studienreise in Italien erfuhr.

der im niederbayerischen Straubing geborene Ulrich Schmidl (1510 - 1580/81), jedoch ist sein Name mit Ausnahme einer Gasse und einer nach ihm benannten weiterführenden Schule in seiner Geburtsstadt nirgendwo an herausragender Stelle gewürdigt - in Argentinien und seiner Hauptstadt mag das freilich ganz anders aussehen.

Nicht vergessen dürfen wir hier aber auch die Portugiesen in ihrer ständigen Konkurrenz zu Spanien. Die Namen von Söhnen dieser Nation haben sich allerdings weniger im Zusammenhang mit Eroberungs- als mit Forschungsfahrten eingeprägt, wie zum Beispiel Vasco da Gama (ca. 1469 - 1524), der 1497/98 das Kap der guten Hoffnung umrundete und Ferdinand Magellan (eigentlich Fernao de Magalhaes; ca. 1480 - 1521), der 1519 einmal um die ganze Welt segelte. Die Verteilung des Festlands auf dem Erdenrund (im Grunde also der Anspruch auf den neuen Kontinent mit seinen immensen Bodenschätzen) durch päpstlichen Entscheid im Vertrag von Tordesillas (1494) fiel dann auch zu Ungunsten der Portugiesen aus. Alexander VI., der berühmt-berüchtigte Papst aus dem Haus Borgia (im Land seiner Herkunft Borjia geschrieben), war von spanischem Geblüt, was seine Entscheidung beeinflusst haben mochte, die er dahingehend traf, dass westlich einer gedachten Linie, welche in etwa entlang des 46. Längengrades westlich von Greenwich verlief, alles Land an Spanien fallen sollte, was bedeutet hätte, dass nahezu der ganze Erdteil in dessen Besitz gekommen und Portugal beinahe leer ausgegangen wäre. Freilich war der Schiedsspruch des Papstes eine Sache, die tatsächliche Machtverteilung dann jedoch eine ganz andere, wie sich später herausstellen sollte. So ist in Brasilien, dem flächenmäßig größten Staat Lateinamerikas, Portugiesisch als Landessprache verankert, während in den meisten anderen dortigen Ländern durchaus die spanische Zunge vorherrscht. Entlang der nördlichen Ostküste des südlichen Teils des Doppelkontinents finden wir eine Handvoll Länder und Inseln, in bzw. auf denen Französisch und/oder Niederländisch Amtssprache ist, aber das vorherrschende Idiom der Karibik ist doch Spanisch. Erst nördlich der Karibik und Mexikos dominiert Englisch, ob nun in den USA oder Kanada, wo wir in Québec (Stadt und Provinz) gleichberechtigt auch noch französisch finden.

Warum aber waren nun von den europäischen Staaten gerade das Deutsche Reich, die Niederlande und Italien als Eroberer und Erforscher zumindest „offiziell" nicht vertreten bei der Erkundung und Verteilung der Welt? Und Griechenland, die Wiege Europas, mag man auch fragen? Aber Griechenland war seit dem Mittelalter mehr als dreihundert Jahre lang bis ins 19. Jahrhundert nur eine Provinz, ein kleiner Teil des Osmanischen Reiches. Und auch für die anderen drei Länder gibt es mehrere gute Gründe für die jeweilige Absenz, unfreiwillige oder auch freiwillige Abstinenz. Die Herrscher des Gebildes, das sich stolz als Heiliges Römisches Reich Deutscher Nation[6] bezeichnete, waren zur Zeit des ausgehenden Mittelalters permanent in Finanznöten und schieden als Geldgeber für Forschungsunternehmungen somit vollständig aus, waren politisch zudem nahezu handlungsunfähig[7], das Deutsche Reich politisch zerrissen und auch zu sehr mit der eigenen Nabelschau beschäftigt, das politisch noch ärger zerrissene Italien existierte bis zum Risorgimento des 19. Jahrhunderts gar nicht als ein „einig Vaterland" und die Niederländer waren im 16. Jahrhundert, der hauptsächlichsten Periode der Eroberung und Verteilung der Welt, zu sehr mit der eigenen nationalen Selbst(er)findung in Freiheitskämpfen, und schließlich mit ihrer Staatsgründung beschäftigt, um andere Interessen verfolgen zu kön-

---

[6] Als Karl der Große zum Weihnachtsfest 800 vom Papst die Kaiserkrone aufgesetzt bekam, stellte das eine große Würde für ihn dar. Für seine Nachfolger in späteren Jahrhunderten blieb davon nur noch eine ebenso große, schwere Bürde.

[7] Als dt. Könige leiteten sie das dt. Reich, als Kaiser waren sie vom Papst bestallte Schutzherren der Christenheit, nominell zumindest über alle anderen christlichen Machthaber gesetzt, deren Kräfte sie im Bedarfsfall koordinieren und auch bündeln sollten – eine Position, in der das eine Amt stets geeignet war, das andere zu lähmen. Mehr noch als durch die Mitbestimmung der Kurfürsten aber wurde der Kaiser gerade durch seine rein ideelle Machtfülle als neben dem Papst oberster Herr der Christenheit in seiner tatsächlichen Machtausübung ganz gewaltig eingeschränkt!

nen. – Kühne Männer aus fast allen Ländern Europas beteiligten sich zwar an der Erkundung, Erschließung und Eroberung der neuen Welt, nur selten aber führten sie dabei Aufträge ihrer eigenen Landesherren durch. Der neue Kontinent bekam seinen Namen passenderweise dann auch im Jahr 1507 durch zwei nicht-feldforschende deutsche Gelehrte, den Kartografen Martin Waldseemüller (ca.1470 - ca. 1518) und den Kosmografen Matthias Ringmann (1482 - 1511). Sie empfanden den Namen des italienischen/toskanischen Seefahrers Amerigo Vespucci (1454 - 1512), der die Küsten des neuen Erdteils vermessen und ihn dabei auch als einen eigenen Kontinent erkannt hatte[8], insofern wohl als passender als den des Columbus, der seinen eigenen Äußerungen nach bis zuletzt starrsinnig an der irrigen Ansicht festhielt, an den Küsten des von ihm pauschal Indien genannten Ostasien gelandet zu sein. Ein Irrtum, dem die Ureinwohner der Neuen Welt bis heute ihre von Europäern aufgepfropften Sammelnamen [(Red) Indians im angelsächsischen und Indios im lateinamerikanischen Einzugsbereich] zu verdanken haben! Wichtiger als das Faktum der Entdeckung an sich aber war die Tatsache, dass sie, wenn auch sicher nicht die erste, dann doch diejenige war, nach der dieser Teil der Erde nicht wiederum in Vergessenheit geriet. Hätte der neu entdeckte Kontinent dann nicht doch nach ihm benannt werden müssen, der Jahrhunderte nach den Wikingern als erster Europäer dort wieder Fuß gefasst hatte? Sein Familienname zumindest hat überlebt als der eines der südamerikanischen Staaten (Kolumbien/Columbia), im Namen der Hauptstadt des US-Bundesstaates Ohio (Columbus) sowie in dem des Regierungsviertels der US-Metropole Washington, dem wohlbekannten „District of Columbia".

---

[8] Vielleicht hatte er die Erkenntnisse seiner Vermessung ja mit dem Bericht des Marco Polo verglichen, diverse Diskrepanzen und Divergenzen erkannt, wie das von ihm beobachtete Einknicken der Küstenlinie Südamerikas nach Westen, das viel weiter südlich anzusetzen ist als das nämliche Phänomen vor Südostasien und die Ostwestausrichtung Kubas im Vergleich zur westöstlichen Japans, und zog die richtigen Schlüsse daraus?

Etwaige frühere Besuche von Europäern oder auch von Asiaten[9] in geschichtlicher Zeit waren offenbar immer nur Episode geblieben, niemals vorher hatte eine mehr als vorübergehende Besiedlung an diesen ebenso fremden wie fernen Küsten stattgefunden. Sollte sich von einer dieser frühen Forschungsreisen allerdings wider Erwarten Kartenmaterial erhalten haben, so war das aller Wahrscheinlichkeit nach, ob nun in Kopie oder im Original, in portugiesischem Besitz aufzufinden. In diesem Zusammenhang ist es durchaus auch vorstellbar, dass Columbus dieses Material, ob nun legal oder illegal, einsehen konnte, als er bei seinem Versuch, einen europäischen Fürstenhof für seine Idee zu begeistern und als Geldgeber einer Expedition zu gewinnen, auch bei den portugiesischen Majestäten vorsprach. Entgegen der landläufigen Meinung war man sich unter Seefahrern damals des etwaigen Umfanges der Erdkugel, des Rotationsellipsoiden, wie die korrekte Bezeichnung wäre, auf dem wir leben, durchaus bewusst, und als erfahrener Seemann wusste auch er, wie lange die Schiffe seiner Zeit Holzwurmattacken und Muschelbewuchs[10]

---

[9] Besondere Erwähnung verdient hier die Fahrt, möglicherweise sogar Weltumrundung des chinesischen Admirals Cheng Ho (~ Scheng Ho), wovon die etablierte Wissenschaft jedoch nur das Gebiet zwischen den Philippinen im Osten und der afrikanischen Ostküste im Westen anerkennen will. Sehr interessant liest sich in diesem Zusammenhang das Buch „1421" des britischen Marineoffiziers Gavin Menzies, auch wenn sein Inhalt, seine Erkenntnisse, von wissenschaftlicher Seite angezweifelt werden – das Werk wurde recht bald wieder aus dem Verkehr gezogen. Fachleute sind/werden eben immer böse, wenn einem Laien etwas einfällt. Das mussten auch schon Heinrich Schliemann und andere erfahren. Unbezweifelt bleibt jedoch, dass portugiesische und chinesische Seefahrer zusammentrafen und dabei, wie es unter Fahrensleuten weltweit üblich war und wohl auch immer noch ist, Erfahrungen und auch Karten austauschten. Wenn man denn Menzies folgen will, der schon auch darauf hinweist, dass eben so gut wie kein Kartenmaterial von jener Reise sich erhalten hat, und er selbst sich auf mehr oder weniger zufällige Funde aus aller Welt bezieht, wir also seine Entdeckungen und die sich daraus ergebenden logischen Folgerungen akzeptieren, wäre es zumindest gedanklich nur noch ein Schritt bis hin zur wie auch immer gearteten Karteneinsicht des Columbus, der ja auch am portugiesischen Königshof mit seiner Idee zur Erforschung neuer Seewege über die westliche Route in den Fernen Osten bei den Majestäten vorgesprochen hatte.

[10] Die Kenntnis dieser Fährnisse beruht nicht etwa auf intimer Vertrautheit mit den Imponderabilien der Holzschifffahrt aus eigener Hand, sondern leitet sich her von der Lektüre vieler Schilderungen von Fahrten solcher Fahrzeuge speziell in südlichen Gewässern, Ste-

trotzen konnten, woraus sich dann wiederum ergibt, dass er im Rahmen der natürlichen Verfallszeit seiner Fahrzeuge eine recht genaue Vorstellung von der höchstmöglichen Dauer der geplanten Reise gehabt haben musste. Die hier propagierte Karteneinsicht, ob nun rechtmäßig oder auch nicht, würde zwar seine Genialität und seinen Wagemut etwas schmälern, aber nichts daran ändern, dass er, dieser lästige, aufdringliche Genuese, womöglich Nachfahre getaufter mallorquinischer Juden, den neu entdeckten Kontinent aus seinem Dornröschenschlaf gerissen und auf Dauer wach geküsst hatte!

Vergessen wir also alles, was vor jenem denkwürdigen Tag, dem 12. Oktober 1492, an Entdeckungsreisenden den gesamtamerikanischen und speziell karibischen Raum betreten haben mochte. Chinesische Seefahrer des 15. Jahrhunderts mögen dort gewesen sein, aber haben sie das Land auf Dauer in Besitz genommen? Nein. Europäische Küstenfischer mögen mit ihren Booten oder auch ganzen Fangflotten den Golfstrom ausnutzend seit Beginn der Seefahrt vor den unbekannten Küsten gekreuzt haben und ihren Geschäften nachgegangen sein, ebenso neugierig wie auch misstrauisch beäugt aus dem küstennahen Unterholz heraus, wie wir wohl annehmen dürfen, aber gingen sie je an Land mit einer anderen Absicht, als vielleicht ihre Süßwasservorräte aufzufrischen? Offensichtlich nicht. War es norwegischen Seefahrern, die aus Landnot, als Verbannte oder aus sonstigen Gründen ihre Heimat verlassen hatten, nach Island und Grönland weitergefahren waren und dann schließlich Vinland erreicht hatten, gelungen, einen dauerhaften Eindruck zu hinterlassen? Abermals nein. Und doch hatte es Einwanderer, Neuankömmlinge gegeben, die das Land sich zu eigen genommen hatten. Bereits in vorgeschichtlicher Zeit, vor rund 35.000 Jahren, waren im Norden wohl über die damals zugefrorene Beringstraße - jüngere Forschungen setzen diese Über-

---

vensons „Die Schatzinsel", Melvilles „Moby Dick" oder „Die Meuterei auf der Bounty", wobei die Crews die Schiffe bei jeder sich bietenden Gelegenheit aufs Land zogen, um die Rümpfe zu säubern und sie neu zu teeren.

querung auf einen etwas gegenwartsnäheren Zeitraum vor rund 23.000 Jahren und postulieren wiederum 5.000 Jahre danach, vor rund 17.000 Jahren also, das Einsickern einer recht kleinen Gruppe von drei bis fünf Personen aus einem Gebiet im heutigen Südfrankreich - und zu ungewisser Zeit sicher auch im Süden, wenn wir Thor Heyerdahl[11] und anderen sowie den optischen Eindrücken der Gesichter und Gestalten folgen wollen, über den Seeweg Wanderer aus dem Westen gekommen, die den menschenleeren Raum bevölkerten und so ebenfalls zu seinen Ureinwohnern wurden.

Wenden wir uns also den Spaniern, Engländern und Franzosen zu! Die Haltung der Spanier gegenüber den Ureinwohnern des Doppelkontinents wurde in der Hauptsache wohl bestimmt durch ein Ereignis im Jahre 711. Damals drangen islamische Krieger unter Tarik Ibn Sijad über Algeciras an der Meerenge von Gibraltar (= Dschebel al Tarik = Hügel/Berg des Tarik) ins christliche Spanien ein, überrannten es und überstiegen die Pyrenäen. Erst 732 gelang es Karl Martell, sie bei Tours und Poitiers in ihrem Siegeszug aufzuhalten und eine Gegenbewegung einzuleiten. 20 Jahre später sind die Moslems 752 über die Pyrenäen wieder zurückgedrängt, aber erst ab 1063 kann man von einer beginnenden Rückeroberung Spaniens, der so genannten Reconquista, sprechen, die Anfang 1492 endet, in demselben Jahr, in dem die neue Welt, wenig später Amerika genannt, wiederentdeckt wird. Beinahe 800 Jahre also liegen zwischen dem Tag, an dem der erste Anhänger Mohammeds seinen Fuß auf spanische Erde setzte, und jenem anderen Tag, dem 2. Januar 1492, an dem zumindest offiziell der letzte das Land verlässt.

---

[11] in „Kon-Tiki", „Tigris", „Ra" und anderen Berichten von den bei seinen Reisen angestellten Forschungen nachzulesen.

Für einen aufgeklärten, aufgeschlossenen Menschen unserer Zeit – sofern er sich nicht durch die Engstirnigkeit ewig-gestriger verhetzen lässt – hat es prinzipiell nichts Außergewöhnliches, nichts Beunruhigendes an sich, Tür an Tür mit einem Menschen anderer Staatsangehörigkeit, Hautfarbe oder Religion zu leben. Für den Menschen im Europa des Mittelalters war es ein Schreckensbild. Für ihn galt (noch) die Einheit von Staat, Mensch und Religion. In einem Staat zu leben, dessen Herrscher einem anderen Glauben anhing oder wo die Anhänger einer andern, nicht-christlichen, Konfession in der Überzahl waren, stellte für ihn einen Zustand dar, der ihm extremes Unbehagen verursachte. Nun zwangen die Moslems zwar keinen zu konvertieren, niemand sollte, zumindest in den Anfangsjahren der moslemisch geprägten Staaten, seiner Religion wegen benachteiligt werden - wer anderen Glaubens war, musste allerdings spezielle Abgaben entrichten, eine Art Kirchensteuer mit umgekehrten Vorzeichen also -, ein mulmiges Gefühl blieb dennoch zurück. Ein Christ des Mittelalters konnte sich nur geborgen fühlen in einem Staatswesen, dessen oberster Lenker Jesus war, weil nur ein im Namen und Auftrag Christi agierender Herrscher auch ein Garant sein konnte für das Bestreben, den Gottesstaat zumindest im Ansatz schon im irdischen Staatswesen zu verwirklichen. So gesehen durchlebte der Spanier des Mittelalters einen Jahrhunderte währenden Albtraum. – Daher kommt es auch, dass Spanien das einzige Land ist, das sich an der Befreiung der den drei großen monotheistischen Religionen gleichermaßen heiligen Stadt Jerusalem aus den Händen Andersgläubiger zumindest von offizieller Seite aus nicht beteiligte – der Spanier führte den Kreuzzug mit all der Brutalität, die auch anderswo üblich war, ja im eigenen Lande. So mancher deutsche, englische, französische, ja auch skandinavische Edelmann [der norwegische König Sigurd I. (1103 - 30) trug sogar den bezeichnenden Beinamen Jorsalfar (= Jerusalemfahrer, also Kreuzritter)] ließ sich – oft aus nicht ganz uneigennützigen Motiven – auf das Kreuzfahrtabenteuer ein, kehrte mit etwas Glück nach wenigen Jahren mehr oder weniger unversehrt nach Hause zurück und konnte nun ein Leben lang erzählen, was er in ferner, märchenhafter Fremde erlebt hatte (oder zumindest erlebt haben wollte – sicher der Ursprung so mancher Sage aus jener Zeit – wir alle kennen ja die Art durchaus verdienter Veteranen, Kriegserlebnisse zu übertreiben und zu glorifizieren, Taten zu Heldentaten aufzubauschen, wo heldische Taten gar nicht stattgefunden hatten).

Für den Spanier aber war der Kampf gegen die (in seinen Augen) Ungläubigen kein missverstandener Abenteuerausflug und auch nicht ein Thema für phantasievolle Erzählungen an langen Winterabenden vor dem prasselnden Kaminfeuer, wo man sich zurücklehnen und in wohligem Erschaudern von bestandenen Heldentaten fabulieren konnte, sondern über viele Generationen und Jahrhunderte hinweg tagtäglich erlebte Realität, die mancher Familie hohen Blutzoll abforderte. Das verlangte neben der Festigkeit des Leibes, die gerade dem Krieger wohl ansteht, auch eine ebenso unbedingte wie bedingungslose Festigkeit des Herzens, welche ein Nachgeben gegenüber der fremden Religion ebenso wenig zuließ wie ein Einbrechen fremden Heeren und Mächten gegenüber. Unter diesen Voraussetzungen gewann der Glauben an Unbeugsamkeit und Stärke, seine Anhänger wurden intolerant und hart, auch verschwand diese Intoleranz nicht sofort am 2. Januar 1492 mit der endgültigen Übergabe Granadas (dem letzten Zufluchtsort der Moslems auf der iberischen Halbinsel) aus den Herzen – zu sehr war sie über die Jahrhunderte hinweg Teil des spanischen Wesens geworden. - Der Ritter Rodrigo Diaz de Vivar, besser bekannt als der spanische Nationalheld el Cid, war zu diesem Zeitpunkt als Kämpfer gegen die Mauren seit langem eine Legende, die dahinter stehende reale Gestalt längst aus dem gemeinsamen Gedächtnis aller entschwunden.

Zwar dauert es nach dem fünfjährigen Antichambrieren des Christobal Colon, wie Columbus sich in Spanien eingedenk seiner mallorquinischen Vorfahren nennt, an verschiedenen europäischen Höfen schließlich im Auftrag der Isabella von Kastilien und ihres Gatten

Ferdinand von Aragon dann doch noch über ein halbes Jahr, bis er mit den lächerlich kleinen drei Schiffchen, den Nussschalen Santa Maria, Nina und Pinta[12], auch unter Einbeziehung der Toscanelli-Karte lossegeln kann, aber diese religiöse Intoleranz, und davon dürfen wir ausgehen, ist nach 36 Tagen Fahrt am 12. Oktober 1492, dem Tag, als diese kleine Flotte die erste Karibikinsel anläuft, noch ebenso stark in den Herzen der Spanier verwurzelt wie ein dreiviertel Jahr davor. Diese Männer stehen nun erneut einer Bevölkerung gegenüber, die in ihren Augen wie zuvor schon die Moslems und Juden ihrer Heimat, denen sie das gleiche Etikett anhängten, reiche (weil im Besitz von Gold und Edelsteinen stehende) Heiden sind, zudem dem Götzendienst huldigen, den von ihnen verehrten höheren Wesen grausam blutige Opfer darbringen, und sich, weil eine alte Sage für das Ende aller Tage die Ankunft weißer Götter unter der Führung der Gefiederten Schlange Quetzalcoatl (sollten sie den Anblick der vom Wind geblähten Segel der Schiffe etwa mit ausgebreiteten Flügeln verwechselt haben?) über das Meer aus dem Osten vorhersieht[13], zudem durchaus geneigt zeigen, in ihren Entdeckern dieser Sage entsprechend Götter zu sehen. Jedem anderen hätte das wohl geschmeichelt, für die spanischen Fanatiker dagegen war es nichts weiter als ein todeswürdiger Verstoß gegen Gottes Gebot „Du sollst keine fremden Götter neben mir haben"! Ein Verstoß, der sie mit tiefstem Abscheu erfüllen musste, nicht zuletzt wenn sie die eigene Rolle in diesem Szenario bedachten. Dementsprechend intolerant verhielten sich dann auch Hernan Cortez (1485 - 1547) und Francisco Pizarro (1478 - 1541), um nur die prominentesten, allgemein bekanntesten,

---

[12] Die geringe Stärke dieser Flotte spricht nicht gerade von übermäßigem Vertrauen der iberischen Majestäten in die Expedition und ihren Propagator, aber auch nicht sonderlich für die Überzeugungs- und Durchsetzungskraft des Columbus. Ist dies vielleicht auch mit eine Grundlage für die lange gepflegte Legende, die Schiffsmannschaft habe sich hauptsächlich aus Desperados und Todeskandidaten rekrutiert?

[13] eine für die armen Eingeborenen letzten Endes fatale Sage, weil sie das Einsetzen des so bitter nötigen Widerstands gegen die frechen Eindringlinge viel zu lange verzögerte – die Entdeckung als solche jedoch hätte sich so oder so nicht mehr verhindern lassen - die Zeit war einfach reif dafür!

unter all den Conquistadores zu nennen. - Die Spanier schienen von da an überhaupt nur eine Maxime noch zu kennen: (Nimm das) Kreuz (an) oder (du bekommst den) Tod! Dazu gesellte sich schnell die Ansicht, die Bewohner der neuen Welt seien keine Menschen im eigentlichen Sinne, weil ja in der Bibel nicht ausdrücklich namentlich erwähnt. Noch sah man in weiten Kreisen das heilige Buch als absolute Quelle naturwissenschaftlicher und auch geschichtlicher Wahrheit an. Jahre später dann mutmaßte man, es könnte sich bei den Eingeborenen um die sog. verlorenen Stämme Israels handeln - vor der Vernichtung des Nordstaates Israel im Jahr 723 und der Fortführung seiner Bewohner in assyrische Verbannung war immer die Rede gewesen von 12 Stämmen, nach der Heimkehr der Südstaatler aus der babylonischen Gefangenschaft (nach der Zerstörung des Staates Juda) ins Gelobte Land anno 587 nur noch von zweien. Schon aber war auch die Haltung geboren, welche die Engländer/Amerikaner viele Jahre später dann unter der Formulierung „every Indian is a bad Indian, only the dead Indian is a good Indian" zum Ausdruck brachten, verkürzt und aufs Wesentliche der zynischen Aussage beschränkt, „nur ein toter Indianer ist ein guter Indianer", eine Haltung, der man sich nur zu bereitwillig öffnete, zumal der Dahingeschiedene sich nun ja nicht mehr wehren konnte, wenn man sich all seiner Besitztümer bemächtigte - Felder, Herden oder Frauen, was immer den Einzelnen auch reizen mochte. Oft genug hatte man ihm ja eindringlich erklärt, dass es nach der Taufe (und, na ja, Hinrichtung, aber mit dem Blick auf die ewige Seligkeit muss man da eben durch!) aus dem irdischen Jammertal prestissimo ins bessere Jenseits abging.

Der Spanier betrat die neue Welt auf der Suche nach Reichtum und Ruhm, der Ureinwohner galt ihm nur als Mittel zu diesem Zweck, darüber hinaus aber als ein verstockter Heide, ein Feind des über viele Jahrhunderte hartnäckig bewahrten Christenglaubens, eine Kreatur somit, die wie ein Wurm zertreten werden musste, wenn sie sich denn nicht im Eiltempo von null auf gleich bekehren ließ.

Das Bild, das sich der Spanier vom amerikanischen Ureinwohner machte, konnte nur negativ besetzt sein. Bezeichnenderweise existiert ja auch so gut wie keine eigenständige Indianer- oder auch Wildwestliteratur von Rang aus spanischer Hand und in spanischer Sprache.

Allenfalls der Roman „Das Herz von Jade" (1957) des Salvador de Madariaga y Rojo (1886 - 1978), der in die Zeit der Ankunft der Spanier in Mexiko gesetzt ist, passt annäherungsweise in den Rahmen. Einen Wildwest-Roman stellt freilich auch er nicht dar.

~

Wie ganz anders verliefen doch in England staatliche Entwicklung und Selbstverwirklichung der Bewohner! Mit berechtigtem Stolz weisen die Briten darauf hin, dass es seit der normannischen Eroberung von 1066 – die spanische Reconquista zählte damals gerade erst drei Jahre – keiner fremden Macht mehr geglückt ist, in feindlicher Absicht auf der Insel Fuß zu fassen. Zwar ist die englische Geschichte auch nicht gerade arm an Bürgerkriegen und Aufständen gegen die Macht der Regierenden – seit Wilhelm dem Eroberer stehen sich mit starken Ressentiments die Abkömmlinge von Angelsachsen und Normannen gegenüber, wie es unter anderem aus den Geschichten um „Robin Hood" sowie dem Roman „Ivanhoe" (1800) des Schotten Walter Scott (1771 - 1832) deutlich wird, wo wir in beiden bezeichnenderweise an der Spitze der „Bösen" stets Männer finden, die französische/normannische Namen tragen (eine Ausnahme bildet da Richard „Coeur de Lion", uns bekannt als „Löwenherz" – ein Mann, der seiner äußeren Erscheinung nach als das Idealbild des christlichen Ritters seiner Zeit gelten hätte können, wenn dem nicht seine Missachtung ritterlicher Regeln und geistiger Ideale widersprochen hätte), doch erreichten diese Kontroversen nie ein Ausmaß, dass andere Staaten mehr als mittelbar davon betroffen gewesen wären. Die normannische Oberschicht ist relativ klein und daher gezwungen, mit der vergleichsweise alteingesessenen (weil seit 449 im Lande niedergelassenen) angelsächsischen Nobilität Kompromisse einzugehen, um das Land effektiv regieren zu können. Das wiederum stärkt das Selbstbewusstsein auch der anderen Angelsachsen, und so entstehen Frühformen parlamentarischer Mitsprache, gelegentlich auch aus geschickter Nutzung von Zwangslagen der Monarchie, wenn eine Notsituation nur durch gemeinsame Anstrengungen aller Landeskinder zu bewältigen ist, wie z. B. im Jahr 1194, als eine immense Summe für die Freilassung von König Richard Löwenherz[14] aufgebracht werden muss. Diese Unterstützung der Monarchie führt 1215 auf der Wiese von Runnymead zur Anerkennung bestimmter Rechte der Bevölkerung durch die Magna Charta. Als in der Schlacht von Crecy 1346 letztlich die sich aus den unteren Volksschichten rekrutierenden englischen Bogenschützen es sind, die den Sieg über die französischen Ritter davontragen, bedeutet das eine weitere zumindest moralische Aufwertung des kleinen Mannes, was wiederum zu einem gesunden Selbstwertgefühl breiterer Bevölkerungsschichten führt. So entwickelt sich aus teils oberflächlichen, teils fundamentalen Kontroversen eine fruchtbare Streitkultur, die später dann in die parlamentarische Monarchie mündet, wie wir sie kennen. Daneben finden sich seit den Tagen von Heinrich VIII.[15] durchaus auch Auseinandersetzungen vor religiösem Hintergrund – besonders hervorzuheben ist hier nach dem Vater selbst, der pikanterweise für eine frühere antilutherische Streitschrift vom Papst den Titel „Defensor Fidei/Verteidiger des Glaubens" verliehen bekommen hatte, Heinrichs ältere Tochter Maria, die sich den Beinamen Bloody Mary (wörtlich die ‚blutige', im übertragenen Sinn aber auch ‚verdamm-

---

[14] Richard hatte als Anführer des britischen Kreuzzugskontingents im Heiligen Land den österreichischen Herzog auf sehr infantile Art wiederholt schwer in seiner Ehre gekränkt. Als er dann auf dem Heimweg Schiffbruch erlitten hatte und sich inkognito durch dessen Land schleichen wollte, wurde er erkannt und in Haft genommen. Das für ihn geforderte Lösegeld war so hoch, dass England knapp vor dem Staatsbankrott stand.

[15] Heinrich wollte nach dem Tod seines Bruders dessen Witwe heiraten, was der Papst nach langen Verhandlungen genehmigte. Als die Frau ihm dann keinen Sohn schenkte, verlangte der König die Scheidung, was der Papst nun verweigerte. Heinrich sagte sich daraufhin von Rom los und erklärte sich selbst zum Oberhaupt der Kirche von England.

te/verfluchte' Maria) redlich verdiente in ihrem Bemühen, den katholischen Glauben mit Feuer und Schwert wieder einzuführen. Ihre Halbschwester und Nachfolgerin Elizabeth lenkt das Staatsschiff dann mit ebenso brennendem Eifer erneut in die Gegenrichtung[16], aber wiederum bleiben diese Unruhen und Bewegungen auf England beschränkt, werden niemals darüber hinaus auf den Kontinent getragen.

Anders als die Spanier kommen die ersten Engländer – rund hundert Jahre später und etwa 2500 Kilometer weiter nördlich – an Bord der Mayflower nicht als Bekehrungsfanatiker und Glaubenskämpfer, die eine Art Kreuzzug durchführen wollen, sondern sind selbst ihrer religiösen Auffassungen wegen Landflüchtige. Sie landen 1610 an der Nordostküste Amerikas in der Hoffnung, nun in Ruhe gelassen zu werden, und mit der Absicht, sich dort friedlich niederzulassen. Dieser Plan stößt allerdings gleich zu Beginn offenbar auf ganz enorme Schwierigkeiten - immer wieder finden die Seefahrer, die in einem gewissen Zyklus Nachschub an Menschen und Material liefern sollen, sich konfrontiert mit leeren Hütten und verlassenen Gehöften, wenn die Schiffe nach längerer Abwesenheit wieder anlanden. Erst die Unterstützung durch die Eingeborenen sichert den Neuankömmlingen das Überleben. Paradoxerweise ist es gerade diese menschenfreundliche Art, welche die ersten Spatenstiche zum späteren Völkergrab so wesentlich erleichtert. Von da an vermehrt sich die Zahl der Siedler, teils durch Zuzug, teils aus den eigenen Reihen. Nur allzu bald ist der Platz zu klein, die in der Anfangszeit einstmals als so hilfreich und freundlich empfundenen Nachbarn mutieren nun in den Köpfen der eingewanderten Neu-Amerikaner zu Rivalen > Gegnern > FEINDEN. Die für alle sich ausdehnenden Gemeinwesen so typische Situation der fließenden Grenze entsteht, eine Situation, die in

---

[16] Die Exekution der Katholikin Mary Stuart, einer entfernten Cousine und aus katholischer Sicht einzig legitime Thronerbin, unter ihrer Herrschaft hatte allerdings nur noch ganz am Rande mit Religionsfragen zu tun.

der zweiten Hälfte des 19. Jahrhunderts dann eskaliert. Eine ständig anwachsende Bevölkerung beansprucht stetig mehr Raum für sich, und in einer relativ gesetzesfreien Situation ist jedem bald jedes Mittel recht. Der Siedler an der Grenze ist argwöhnisch und schnell mit der Waffe zur Hand, um das zu verteidigen, was er sich mühsam aufgebaut hat; nach etwaigen Ansprüchen früherer Bewohner des jeweiligen Landstrichs fragt er nicht. Eine zielgerichtete Gräuelpropaganda erledigt dann den Rest. Unter den Neubürgern aus England ist das Indianerbild des Siedlers an der Westgrenze nachvollziehbarerweise das mit den negativsten Vorzeichen belastete. Dass die Rothaut ein ganz anderes Verständnis bezüglich Land- und Grundbesitz pflegt als das Bleichgesicht, ist eine Tatsache, die letzterem sehr lange Zeit nicht bewusst wird[17]. Je weiter die Grenze nach Westen vorgeschoben wurde, desto mehr begannen nun die Bewohner des Ostens, den Ureinwohner nicht mehr so sehr als wilde Bestie, sondern eher rational als den verdrängten früheren Ansiedler bis durch den Einfluss des Geistes der Aufklärung romantisch verklärt als Edlen Wilden im Sinne des Jean Jacques Rousseau zu verstehen. So konnte es geschehen, dass bereits in der ersten Hälfte des 19. Jahrhunderts – aus den britischen Kolonien waren längst schon die USA hervorgegangen – in der Hauptstadt Washington an der Ostküste erste Entscheidungen zugunsten der Eingeborenenstämme fielen, während in den Prärien der Vernichtungskrieg noch nicht einmal mit all der Brutalität und Härte eingesetzt hatte, die wenig später so typisch dafür wurde. Das erklärt auch, wie ein Schriftsteller, der sein Leben zwar nicht direkt an, aber doch nicht weit entfernt von der Indianergrenze verbrachte, ein idealisiertes Bild von der lebenslangen Freundschaft eines Indianerhäuptlings mit einem weißen Jäger beschreiben konnte, obwohl ihm das Vorbild für seinen weißen Helden und dessen Haltung zur Indianerfrage zumindest dem Hörensagen nach durchaus

---

[17] Nämlich bis zu der bemerkenswerten Rede von Chief Seattle (1786 - 1866), die (wahrscheinlich 1854 oder 1855 gehalten) erst durch eine entstellte Version in dem dokumentarischen Film „Home" von 1972 der Öffentlichkeit bekannt wurde.

bekannt gewesen sein muss. Daniel Boone (1734 - 1820), dem James Fenimore Cooper (1789 - 1851) in den Lederstrumpf-Erzählungen – er selbst nannte sie so (Tales), nicht etwa Romane (Novels) - ab 1823 ein literarisches Denkmal setzte, war längst eine nationale Legende, als er in Gestalt des Natty Bumppo nun erstmals (die vorher bereits kursierenden Groschenheftchen über den realen Boone nicht mit eingerechnet) von Coopers Schreibstube aus die literarische Bühne betrat. Hätte der Autor die Gelegenheit gesucht und genutzt, sich mit Boone im Gespräch auseinanderzusetzen, sein Indianerbild wäre vielleicht realistischer, wahrscheinlich aber auch negativer ausgefallen. Vermutlich kam ihm die Idee zu diesem Roman-Zyklus aber sowieso erst nach dem Tod des großen Mannes. -- Verstorbene können sich praktischerweise ja nicht mehr zur Wehr setzen gegen das, was beflissene Literaten ihnen so alles in die Schuhe schieben, wie bis heute eine Unzahl teils kontroverser auch romanhafter Biographien verschiedenster Persönlichkeiten belegt, die der Menschheitsgeschichte auf die eine oder andere Weise ihren Stempel aufgedrückt haben.

Die Pilgerväter von 1610 befanden sich in der gleichen Position wie die Normannen von 1066. Von ihrem Vaterland hatten sie sich, von einigen administrativen Fesseln abgesehen, allerdings längst getrennt. Wie ihre Vorfahren zu Zeiten Wilhelms des Eroberers waren sie in ein Land eingefallen, das ihnen nicht gehörte, und krallten sich hartnäckig an die vorgefundene Scholle, bis diese dann endgültig die ihrige geworden war. Eine Haltung, die sich von den Bewohnern der Neuenglandstaaten schnell auch auf andere übertrug, die entlang der ständig in Bewegung befindlichen Westgrenze zum Indianerland lebten.

Naturgemäß bieten die US-Amerikaner das Hauptkontingent an Lesestoff über den Wilden Westen im Allgemeinen und den Indianer im Besonderen, doch ist es gerade hier nötig, genauestens hinzusehen und abzuwägen, was nun ernsthafte Information (wenn auch romanhaft verpackt) ist und was bestenfalls Groschenheft-Niveau erreicht – Louis L'Amour (der seine Daten nicht preisgibt) und Zane Grey (1872 - 1939), um nur die Spitze des Eisbergs anzusprechen, können kaum als Muster an Objektivität und Toleranz gelten. In Anbetracht des wenigen, was der Verfasser dieses Aufsatzes angesichts der Flut an Gedrucktem davon gelesen hat, kann er sich eigentlich kein rechtes Urteil dazu erlauben, wenn er jedoch eine allgemeine Hochrechnung anstellt, so schließt die Überzahl der Veröffentlichungen den Ureinwohner entweder vollständig aus oder dämonisiert ihn erneut, macht ihn nach wie vor zur Bestie. Werke wie der Roman „Laughing Boy" (1929) von Oliver LaFarge (1901 - 63) mit seinem positiven Indianerbild gehören unverändert zur Ausnahme. Daneben sei noch Dee Brown (1908 - 2002) mit seiner Aufarbeitung des Westens in mehreren Büchern auf hohem wissenschaftlichem und auch literarischem Niveau erwähnt, der auch dem Indianer Gerechtigkeit widerfahren lässt. - Die großen US-Autoren des 19. Jahrhunderts stürzten sich, wenn sie sich überhaupt mit dem Westen beschäftigten, wie Mark Twain (1835 - 1910), Francis Bret Harte (1836 - 1902) und Ambrose „Bitter" Bierce (1842 - ca. 1914, wo er in den Wirren der mexikanischen Revolution verloren geht), auf Goldgräber und andere Abenteurer und klammerten den Indianer aus bzw. vergaßen ihn. Eine Ausnahme bildet da natürlich der „Injun Joe" (dt. „Indianer-Joe") im Huckleberry Finn (1884) ausgerechnet aus der Feder des Indianerhassers Twain, auch wenn diese Rothaut unter die Kategorie zivilisierter, d.h. entwurzelter, seiner Identität und ursprünglichen Grundlagen beraubter Indianer fällt. Edgar Allan Poe (1809 - 49), einer der bedeutendsten US-Autoren jener Zeit, kennt den Wilden Westen gar nicht, geschweige denn die ursprünglichen Bewohner der Wälder, Seen und Prärien. Abenteuerliches vor dem Hintergrund eigenen Erlebens bietet neben Mark Twain auch Thomas Mayne Reid (1818 - 83), leicht verkleidet in „Die Skalpjäger" (1851) und anderem. Aus neuerer Zeit und mit nicht geringem Anteil an Anspruch und Substanz sind dem Verfasser noch „Rauer Osten, Wilder Westen" (1968) aus der Feder von Kathleen Winsor (*1919) bekannt und verschiedenes des 1932 geborenen John Jakes, wie z.B. die Trilogie um die Familien Hazard und Main (dt. „Fackeln im Sturm"; 1982 - 87), sowie auch die von ihm Karl May gewidmete Erzählung „Manitow und Ironhand" (1993). Auch „Der Schamane" (1992), der zweite Teil der Medicus-Trilogie von Noah Gordon (*1926), ist angesiedelt im Westen Amerikas, als der noch wild war.

Eine spezielle Unterhaltungsliteratur Großbritanniens, die sich eingehender mit fiktiven Vorgängen in den ehemaligen Kolonien befasste, scheint dagegen nicht zu existieren.

~

Lange Zeit zwar mit den Geschicken Englands eng verbunden, aber dennoch eigenen Gesetzmäßigkeiten folgend verläuft die Entwicklung in Frankreich. Aus der Konkursmasse des Karolingerreichs entwickelt sich ab 987, seit Hugo Capet[18], dem ersten Träger der Königskrone und Begründer des Königshauses der Kapetinger, langsam und mit Rückschlägen, aber dennoch ständig anwachsend, die Grande Nation Frankreich. Anders als die deutschen Fürsten hatten die französischen den schwächsten aus ihrer Mitte zum König gemacht, um auf diese Art leichter über ihn bestimmen zu können. Dennoch werden die Kapetinger und ihre dynastischen Nachfolger im Laufe der Jahrhunderte durch Heimfall oder Einziehung mancher Lehen sowie eine geschickte Wiederausgabepolitik zum beinahe allmächtigen Herrscherhaus. Während im deutschen Reich das Kaisertum (und damit auch Amt und Ansehen des Königs) im Laufe der Zeit immer mehr Macht an die Kurfürsten[19] verliert und in England

---

[18] Als König Ludwig XVI.(1754-1793), zu dessen Zeit die Herrscherwürde von den Kapetingern über das Haus Valois längst schon zu den Bourbonen gewechselt hatte, rund 800 Jahre später zum Schafott geführt wird, verhöhnt man ihn dennoch als „Citoyen (Bürger) Capet".

[19] Die Königswürde vererbt sich, nachdem die Habsburger einmal etabliert sind, in diesem Hause weiter, aber die Kaiserwürde ist, wenn auch unlösbar mit der Gestalt des deutschen

die Machtfülle des Königs, die an das Parlament übergeht, durch Zugeständnisse verschiedenster Art langsam schwindet, entwickelt sie sich in Frankreich zur alles beherrschenden Zentralgewalt, gipfelnd in dem Ludwig XIV. wohl fälschlich zugeschriebenen stolzem Anspruch „L'etat c'est moi!"/„Der Staat bin ich!". Die Franzosen haben durch die Generalstände (ein Gremium, das sich aus Vertretern aller Stände zusammensetzt, dessen Einberufung jedoch im Belieben und Ermessen des Herrschers liegt) über das alleinige Recht der Steuerbewilligung zwar eine Möglichkeit, in der Politik mitzureden, der Einzelne aber bleibt von einer Mitgestaltung dennoch ausgeschlossen. Über lange Zeit ist Frankreich, wie eingangs schon angedeutet, zudem in Auseinandersetzungen mit dem Nachbarstaat England verwickelt, nicht zuletzt, da der englische König als Herzog der Normandie zumindest nominell auch Lehensmann des Königs von Frankreich ist. Darüber hinaus beansprucht er große Ländereien im Südwesten, die zeitweise zu den Hauptbesitzungen der englischen Krone gehören, woraus sich wiederum ein Teilanspruch, auf die Herrschaft in Frankreich ableitet, so wie er einem jeden Adeligen zukommt. - Richard Coeur de Lion, in Oxford geboren, doch in Frankreich aufgewachsen (daher die französische Form des Beinamens), ist der englischen Sprache kaum mächtig und betritt die Insel äußerst selten (zweimal nur, um genau zu sein[20]). Nach über zweihundert Jahren unter englischer Herrschaft fällt die Hafenstadt Calais 1559 schließlich wieder zurück in französischen Besitz, was dann das Ende der britischen Anwesenheit in Frankreich bedeutet. Der Verzicht eines Anspruchs auf die Krone Frankreichs ergibt sich erst 1802 auf beharrlichen Druck Napoleons. Daneben wird auch die Grande Nation im Laufe ihres Wachstums nicht von Bürgerkriegen verschont, die aber wie in England nie über die Landesgrenzen hin-

---

Königs verbunden, während der ganzen Kaiserzeit von der Vergabe durch diese Männer abhängig, die sich ihre Zustimmung zu jeder Wahl erneut teuer erkaufen lassen.
[20] wofür er als Begründung das englische Wetter und die englische Küche angibt – beide sind weitaus besser als ihr Ruf

weg ausstrahlen. Einzig das Deutsche Reich übt sich nicht in der Kunst, die eigenen Probleme im eigenen Land zu belassen und so erwächst aus den religiösen/politischen Differenzen des Jahres 1618 der 30-jährige Krieg, der nahezu ganz Europa in Mitleidenschaft ziehen sollte, auch wenn die Kampfhandlungen ausschließlich auf deutschem Boden ausgetragen wurden. Das katholische Frankreich, in dem 63 Jahre zuvor – ausgehend von der Bartholomäusnacht vom 24.8.1572 - die Hugenotten zu Tausenden abgeschlachtet worden waren, greift ab 1635 unter der Leitung von Kardinal Richelieu pikanterweise auf der Seite der Protestanten in den Krieg ein, der zu dem Zeitpunkt allerdings längst aufgehört hatte, ein Religionskrieg zu sein.

Betrachten wir eine Karte Nordamerikas aus jener Zeit oder eine die Besitz- und Einflussgebiete jener Zeit darstellende, so fällt uns im Norden, östlich der britischen Besitzungen der Schriftzug Acadia als eines Siedlungsgebietes ins Auge, das ehemals Teil Frankreichs war. Dieses Gebiet wird im Norden begrenzt vom St.-Lorenz-Strom, an dessen Mündung wir Québec finden, die Hauptstadt der gleichnamigen Provinz, dem Sammelbecken der heutigen französischstämmigen Kanadier. Weiter flussaufwärts liegt am Ufer des Lake Saint Clair die Stadt Detroit. Von den Großen Seen ist im Westen der Weg nicht weit zum Mississippi, in dessen Mündungsgebiet die französische Gründung Baton Rouge ihren Sitz hat. Daneben sind wir unterwegs auch noch einer ganzen Reihe anderer Ortsnamen mit gallischem Anklang begegnet. Am Unterlauf des Ol' Man River finden wir dann auch den US-Bundesstaat Louisiana. Dieser Name meinte ursprünglich das gesamte Gebiet des Flusstals von den Großen Seen bis zu seiner Einmündung in den Golf von Mexiko und leitete sich her von Frankreichs König Ludwig – Louis – XIV., in dessen Auftrag der Forscher René Robert Cavelier de la Salle den „Vater der Ströme" 1682 hinabgefahren war und zu dessen Ehre seine Ufer eher beschlagnahmt als erforscht oder gar erobert hatte. Das Hauptinteresse des offiziellen Frankreich lag, zumindest was Nordamerika betraf, mit Ausnahme der Errichtung ein paar militärischer Stützpunkte, angesichts geringer Einwandererzahlen sowieso nicht primär in der Landnahme – abgesehen von Acadia - als vielmehr dem damals im Mutterland praktizierten System des Merkantilismus[21] entsprechend im Handel mit den Eingeborenen. Dennoch galt Frankreich mit seinem empire d'outremer[22] als zweitgrößte Kolonialmacht nach Spanien. Das Lilienbanner der welschen Könige wehte allerdings weit öfter über Gebieten in Afrika und Asien. Was den Handel angeht, gerieten sie allerdings bald mit den Briten in Konflikt, die an diesem Aspekt auch lebhaftes Interesse zeigten, ohne dass eine der beiden Seiten sich je auch nur im Geringsten um die Interessen und Bedürfnisse der Ureinwohner gekümmert hätte. -- 1756-63 tobt in Europa der Siebenjährige Krieg zwischen Österreich und Preußen, wobei Preußen in England und Österreich in Frankreich je einen wichtigen Verbündeten hat. Als sog. Stellvertreterkrieg (auch wenn er dort bereits 1754 beginnt) wird die Auseinandersetzung auch in Amerika ausgefochten, wo sie auf der Siegerseite dann als French and Indian War (Franzosen- und Indianerkrieg) in die Annalen eingeht. Die durchaus vorhandenen Rivalitäten zwischen den jeweiligen Stämmen zusätzlich schürend werden diese Völkerschaften von beiden Seiten ganz ungeniert als Kanonenfutter missbraucht, auch wenn Cooper in „Der letzte Mohikaner", der in jener Zeit angesiedelt ist, euphemistisch von Verbündeten, ja sogar von Freunden spricht.

Der Franzose der amerikanischen Frühzeit kam als Vertreter des offiziellen Frankreich, aber ohne konkrete Eroberungspläne, und vertrat nicht nur deshalb die neutralste Position den Ureinwohnern ge-

---

[21] Merkantilismus ist die wirtschaftspolitische Lehre des absolutistischen Staates mit dem Ziel der Beseitigung von Zollgrenzen, Vereinheitlichung von Maßen und Gewichten, Ausbau der Verkehrswege - allerdings nicht gedacht zu länderüber greifendem Nutzen, sondern ausschließlich zum Vorteil des eigenen Staatswesens, d.h. zur Erleichterung des Exports und Erschwernis des Imports.

[22] dt.: überseeischer Herrschaftsbereich - die Gleichsetzung von empire mit Kaiserreich wäre hier falsch.

genüber. Er sah in ihnen Handelspartner, Leute somit, denen man zu jeder Zeit bei aller gebotenen Freundlichkeit doch auch mit einer gewissen Zurückhaltung begegnet, denn schließlich muss man von Fall zu Fall ja stets neu erkunden, wie vertrauenswürdig das Gegenüber sich erweist. Grundlegende Vorurteile wären da allerdings fehl am Platz gewesen.

Daheim, im französischen Mutterland, schwärmte derweil der Philosoph und Literat Jean-Jacques Rousseau (1712 - 78) vom „edlen Wilden", wobei die Schreibung „EDLER wilder" wohl eher seiner Intention entsprochen hätte. - Wenige Jahre nach Rousseaus Tod sollte das offizielle Frankreich sich sowieso nur noch theoretisch mit der Indianerfrage befassen. In Kanada setzten die Engländer sich durch, Teile der Einwohnerschaft Akadiens siedelten ins Mississippi-Delta über, wo man ihre Nachfahren, die bis auf den heutigen Tag einen mit englischen Elementen durchsetzten französischen Dialekt sprechen, in unserer Zeit als „Cajun" kennt, und 1803 verkaufte Napoléon I. (1769 - 1821) Rest-‚Louisiana' für rund 15 Millionen Dollar an die USA, um seine Kriegskasse zu füllen.

Nahezu fünfzig Jahre nach diesem Handel starb bei einem Schiffsuntergang im Ärmelkanal der Franzose Louis Gabriel de Bellemare (1805 - 52), der Verfasser einer Reihe seinerzeit sehr erfolgreicher Romane, von denen vier so genannte „Indianer-Romane" sind. Besser bekannt ist er unter seinem Pseudonym Gabriel Ferry und durch den Roman „Der Waldläufer", wo er den Komanchenhäuptling Rayon Brulant/Brennender Strahl[23], einen Vorläufer der Winnetou-Figur, vorstellt – ein Werk, dem „ ein Welterfolg beschieden gewesen [ist], dem nur der von Coopers ‚Lederstrumpf-Erzählungen' gleichzusetzen ist. Im „Waldläufer" wird eine solche Fülle von Mo-

---

[23] Eine aus heutiger Sicht etwas unglückliche Wortwahl, die einen Menschen des 21. Jahrhunderts eher an Prostataprobleme denken lässt, wie sie bei älteren Männern anlässlich des Wasserlassens gelegentlich auftreten.

tiven geboten, dass er schlechthin von keiner anderen Indianererzählung überboten werden kann" (Zitat Ludwig Patsch[24] im Nachwort einer Waldläufer-Ausgabe ohne Editionsdaten, die sich laut Patsch auf das Original bezieht). Ferry ist nach Meinung von Experten vielleicht der bedeutendste französische Autor jener Zeit, der sich unter anderem mit seinen Abenteuergeschichten von der Indianergrenze der damaligen USA einen Namen machte.

Wie bei der Betrachtung der englisch- und französischsprachigen Autoren zu erkennen ist, ergibt sich mit größerer Entfernung vom Brennpunkt der Ereignisse eine differenziertere Wertung, eine Neigung zur Idealisierung setzt ein, je weiter entfernt der Verfasser vom Ort seiner Erzählungen lebt. Die Geschichten von Reid und Ferry sind realistischer als die von Cooper, das Indianerbild Coopers ist immer noch mehr der Wirklichkeit verhaftet als das Rousseaus.

Ein Resümee der bisherigen Erkenntnisse:

Zwar werden Spanien, England und Frankreich im Zusammenhang mit der neuen Welt als die drei großen Entdeckernationen genannt, aber ist es denn wirklich gerechtfertigt, alle drei in einem Atemzug zu nennen?

Spanien schickte seine Vertreter in die neue Welt, um dort im Namen der iberischen Majestäten offiziell Reichtümer und Land zu erobern oder auch zu erwerben. Aber waren die Herren Columbus, Cortez und Pizarro – um nur die Prominentesten davon zu erwähnen - denn wirklich gewillt, im Erfolgsfall treue Untertanen der spanischen Krone zu bleiben, ihre Beute also zu teilen? Vieles in ihrem Verhalten deutet darauf hin, dass sie durchaus bereit gewesen wären, alle Ver-

---

[24] Patsch ist dem, der sich eingehender mit Karl May befasst, auch als Verfasser von Forschungsliteratur geläufig.

bindungen aufzugeben, alle Taue zu kappen, die sie noch mit dem Mutterland verbanden, um wie der Aguirre in Werner Herzogs gleichnamigem Film fern der Heimat eigene Reiche von eigenen Gnaden zu errichten - und wie der fiktive Aguirre scheitern sie daran ebenfalls. Dass Columbus auf seiner Insel und mit seinen Plänen glücklos blieb, Cortez in Mexiko mit seinen Ideen Schiffbruch erlitt und Pizarro im Inkareich seiner eigenen Gier wegen unterging, das ändert letzten Endes aber nichts an den Plänen, die sie insgeheim gehegt haben mochten und die wir durchaus bei ihnen vermuten, oder besser gesagt, aus ihren Aktivitäten schlussfolgern dürfen.

Die Engländer, die sich an der Nordostküste des neu entdeckten Kontinents niedergelassen hatten, waren keine offiziellen Vertreter ihres Landes, vielmehr im Unfrieden von ihrer Heimat geschieden, weil sie zu Hause Verfolgung und Leid erfahren hatten. Im Gegensatz zu den Emissären Spaniens aber waren sie nicht in Gegenden gekommen, die reich an Edelmetallen und von einer darauf aufbauenden hoch entwickelten Kultur geprägt waren, sondern an Küsten gelandet, an denen und in deren Hinterland man noch Urwälder und viel brach liegendes Land fand. Es waren nur wenige Menschen und die fanden sich eben auch nicht in offiziellem Auftrag dort ein. Andererseits waren sie aber auch keine Glücksritter, sondern Leute, die mit ehrlicher Arbeit ihren Lebensunterhalt verdienen wollten. Hochfliegende Träume hatten sie nicht im Gepäck. Teils aus Not, teils aus alter Gewohnheit hielten sie am Mutterland fest, dessen Feindseligkeit und andere unangenehme Aspekte sie ja hinter sich glaubten. Sie zahlten weiterhin ihre Steuern und Abgaben, wie sie es daheim auch getan hatten. Wenn auch vielleicht nicht mit brennenden Herzen standen sie dennoch fest zu Albion und hegten keine aufrührerischen Gedanken, bis unselige weitere Steuern, teils auf Holz, teils auf Tee auch ihre Geduld überstrapazierten und sie in eine Rebellion trieben, aus der dann über die Formulierung der Unabhängigkeitserklärung die Urzelle der Vereinigten Staaten von Amerika entstehen sollte, in etwa bereits so, wie wir sie heute kennen.

46

Das zahlenmäßig geringste Kontingent an überseeisch gewordenen Europäern stellten die Franzosen. Durchaus bemerkenswerterweise sickerten sie in den Kontinent zu einer Zeit ein, als die wirtschaftliche Lage in ihrem Mutterland im Rahmen des Merkantilismus den Inlandshandel begünstigte. Es lag also in ihrem Interesse, vom ‚empire d'outremer' aus engen Kontakt mit der Heimat zu halten, da nur dieser ihren wirtschaftlichen Interessen förderlich war. Sie waren somit auch an ihrem neuen Wohnort treue Söhne ihres Geburtslandes, da sie dadurch wirtschaftlich auch am meisten zu gewinnen hatten.

~

Woher rührten nun aber in den deutschen Ländern das Interesse am Lande jenseits des großen Teichs und das Interesse an seinen Ureinwohnern? Das Heilige Römische Reich Deutscher Nation, dessen Einheit seit dem Mittelalter zusehends zu einem politischen Flickenteppich zerfallen war, war weder See- noch Kolonialmacht. Reale wirtschaftliche Interessen schieden somit aus, was blieb, war eine Mixtur aus Wunschdenken, Not und romantischen Vorstellungen, sowie das möglicherweise unterschwellig vorhandene Gefühl, bei der Verteilung der Welt zu kurz gekommen zu sein, eine Klaviatur, auf der Kaiser Wilhelm II. (1859 - 1941) sehr zum Unwillen seines Kanzlers Bismarck (1815 - 1898) dann verstärkt aufspielte. Die Vorstellung von in jeder Hinsicht unendlicher Weite mochte den in deutscher Kleinstaaterei, räumlicher wie geistiger Enge gefangenen Durchschnittsbürger ebenfalls verlocken.

Auch wenn die Bewohner des deutschen Sprachraums – ob nun zusammengefasst wie einst als „Heiliges Römisches" (bis zum Untergang des Reichs am 6. August 1806, als der deutsche Kaiser Franz II. die deutsche Krone niederlegte, um von da an als Franz I. nur noch Kaiser von Österreich zu sein) oder aber, nach 1871 dann, als im kleindeutschen Sinn profanes „Deutsches Reich" - nicht zu den Angehörigen einer Entdeckernation zählten, gab es doch bis in die unmittelbare Gegenwart herein stets Einzelne aus diesem Gebiet, die kraft ihrer Persönlichkeit, ihres außergewöhnlichen Schicksals oder anders gearteter Umstände wegen in den USA bekannt, wenn nicht gar berühmt wurden. So existierte über mehr oder minder prominente Personen immer eine Verbindung zur „Neuen Welt", sei es durch General von Steuben (1730 - 94), der den amerikanischen Soldaten des Unabhängigkeitskrieges (1776 - 83) preußischen Drill beibrachte und an den die alljährliche „Steuben-Parade" in New York erinnert, sei es Johann August Sutter (1803 - 80)[25], der in Kalifornien ein prosperierendes Agrarreich aufgebaut hatte, bis ab 1848 der Goldrausch – Ironie des Schicksals - von seinen Besitzungen ausgehend ihn überrollte und ruinierte, sei es Levi Strauss (1829-1902), der emigrierte Schneider aus dem Umland des oberfränkischen Bamberg, in dessen New Yorker Kleiderfabriken die ersten der so uramerikanischen Bluejeans gebaut wurden (der Legende gemäß zunächst für jene Goldgräber, die seinen Landsmann in den Ruin trieben), sei es Carl Schurz (1829 - 1906), der 1877 bis 1881 den USA als Innenminister diente, seien es Johann August Roebling (1806 - 69) und dessen Sohn Washington August (1837 - 1926), die als Ingenieure ein Wahrzeichen der Stadt New York, die 1883 vollendete Brooklyn-Bridge errichteten, sei es der im mittelfränkischen Fürth geborene Heinz ‚Henry' Kissinger (*1923) der 1973 - 77 das Amt des US-Außenministers bekleidete, und zuletzt Kaliforniens steirischer „Governator", der Bodybuilder und spätere Filmschauspieler Arnold Schwarzenegger (*1947). Daneben seien auch nicht vergessen Albert Einstein (1879 - 1955) und all die anderen Wissenschaftler, aber auch Künstler wie Heinrich (1871 - 1950) und Thomas Mann (1875 - 1955), die Filmschaffenden Fritz Lang (1890 - 1976), Ernst Lubitsch (1892 - 1947), Robert Siodmak (1900 - 73) und sein Bruder Curt

---

[25] Der französische Schriftsteller Blaise Cendrars (1887 - 1961) befasst sich mit ihm in seinem Roman „Gold – Der Lebensroman General Suters" (1925). „Suter" oder „Sutter", beide Schreibweisen sind möglich und durch das Lexikon abgesegnet – dort: „John Augustus Sutter, eigentlich Johann August Suter".

(1902 - ?), Otto Preminger (1906 - 86), Billy Wilder (1906 - 2002) und Fred Zinnemann (1907 - 97), die in schwerer Zeit dort Zuflucht fanden und ihre Talente in Kunst und Kultur, Wissenschaft und Technik nutzbringend zur Anwendung brachten. Unter der Bereicherung der US-amerikanischen Filmkunst durch das fruchtbare Wirken vor allem deutscher Künstler sollte, gewissermaßen als Kehrseite der Medaille, das solchermaßen ausgeblutete deutschsprachige Kino nach 1945 noch jahrzehntelang am Mittelmaß seiner größtenteils profilneurotischen Macher leiden, auch wenn manche davon sogar Weltruhm erreichten.

Diejenigen Deutschen, welche über ihr Wirken ihre Spuren in den USA hinterließen, kamen nicht als Eroberer und selten in organisierten Scharen, sondern zumeist als einzelne Individuen von der Neugierde oder dem Schicksal getrieben, oft um dort Schutz zu suchen. Ihr Indianerbild war wohl mit das vorurteilsfreieste von allen, da sie Ungerechtigkeit und Vertreibung teilweise am eigenen Leib hatten erfahren müssen - war natürlich neben dem Bildungsstand, den sie mitbrachten, und ihrer eigenen Bedürftigkeit immer auch abhängig davon, wie weit sie sich von der „Zivilisation" entfernten und in die „Wildnis" vordrangen.

Zuflucht gesucht und Schutz gefunden hatte auch der literarische Karl-May-Vorgänger Carl Postl (1793 - 1864), geflohen aus den physisch wie psychisch beengenden Verhältnissen der alten Welt des 19. Jahrhunderts. Nach seiner Besitzung am Red River nannte er sich fortan „Charles Sealsfield" und veröffentlichte unter diesem Namen eine Reihe politischer Vergleiche und Betrachtungen, aber auch sogenannte „Lebensbilder", die sowohl in den USA als auch in Europa großen Anklang fanden. Geistige Eindrücke erhielten darin ebenso ihren Platz wie rein physische Erlebnisse, die er zu spannenden Geschichten verarbeitete. Ähnlich wie Sealsfield war auch dem über 20 Jahre jüngeren Friedrich Gerstäcker (1816 - 72) die Schilderung des

Westens das Ergebnis persönlicher Erfahrungen. Auch Balduin Möllhausen (1825 - 1905) schöpfte in seinen Geschichten aus der Fülle dessen, was ihm auf seinen Wanderungen widerfahren war, während S(ophie) Wörrishöffer (1838 - 90) nie die heimische Scholle verließ, sondern die Fülle exakter Informationen aus den Erzählungen anderer bezog, die ihr – direkt oder indirekt - von fremden Ländern und dort bestandenen Erlebnissen berichteten.

Höhepunkt und (krönender) Abschluss der schriftstellerischen Produktion im deutschsprachigen Raum jener Zeit, die sich mit dem Wilden Westen befasste, bildete das Werk des Hinterglauchauers/Sachsen Karl May (1842 - 1912), der im Gegensatz zu den Erzählungen anderer den Ureinwohner Nordamerikas von keiner persönlichen Erfahrung, möglicherweise aber vom Geist Jean Jacques Rousseaus beeinflusst als positive Gestalt in den Mittelpunkt seiner Erzählungen stellte. In seinen zahlreichen Erzählungen um die Zentralfigur Winnetou[26] schuf er einen märchenhaften Kosmos des Wilden Westens, der, ebenso unrealistisch wie die Gestalt des Kalifen Harun al Raschid in der Märchensammlung 1001 Nacht, Bestand hat, auch wenn wir wissen, dass jener Kalif nur eine recht durchschnittliche bis schwache Herrschergestalt dieser Epoche war, nach dessen Regierungszeit das vom Atlantik bis Indien reichende Kalifenreich dann zerfiel, und der Wilde Westen eben nicht dem Bild entspricht, das Karl May davon zeichnete. Vieles von dem Material, das er verwendete, stimmte nicht mit den Verhältnissen überein, wie sie zwischen 1862 und 1874 (die vorgebliche Zeit der Winnetou-Abenteuer) in den USA nun einmal zu finden waren. Das meiste deutet eher auf die 30-er bis 50-er Jahre des 19. Jahrhunderts, die Mayne

---

[26] Wer in seinem Leben als erster literarischer Rothaut dieser Figur begegnet, hat von da an ein entspanntes Verhältnis zum Indianer an sich. In den Literaturen anderer Sprachen findet sich nichts Vergleichbares. US-Amerikaner verbinden mit den Namen realer Häuptlingsgestalten des Wilden Westens ausschließlich negative Empfindungen. Von US - Fallschirmjägern des Zweiten Weltkriegs weiß man, dass sie im Moment des Absprungs den Namen Geronimo ausstießen, um sich im Gedenken an einen gnadenlosen Feind zu stählen.

Reid und andere beschrieben hatten. Die vorwärts drängende Rasanz seiner Darstellung lässt jedoch alle darin enthaltenen Ungereimtheiten und Fehler vergessen. Der Erfolg seiner Erzählungen um die Blutsbrüder Winnetou und Old Shatterhand zog wiederum einen wahren Rattenschwanz von Weitererzählern und Imitatoren sowie allgemein durch ihn inspirierter Autoren nach sich, von denen hier nur zwei bereits etwas älteren Datums mit jeweils einem Werk erwähnt seien, weil sie mithalfen, des hier tätigen Verfassers Blick zu weiten und auch zu schärfen. Das eine ist das Buch „Das kalifornische Abenteuer" (1954), in dem ein „Fritz Helke" (der Name ist hier in Anführungsstriche gesetzt und ohne Lebensdaten, da es sich um ein Pseudonym handelt) auf romanhaft abenteuerliche Weise ebenfalls von Sutter[27], dessen Reise durchs Indianerland zur Westküste und anschließend seiner kolonisatorischen Arbeit in Kalifornien bis zum Ausbruch des Goldrausches erzählt, das andere ist die ebenso romanhaft gestaltete Biografie „Tecumseh" (1966) durch Fritz Steuben (1898 - 1981). „Helke" stellt seinem Sutter den ebenfalls aus der Realität gegriffenen Kit Carson (1809 - 68) als Scout zur Seite, zeichnet den damals gerade Dreißigjährigen aber als einen deutlich älteren Mann mit „eisengrauen Haaren" und „pergamentartig zerknitterter Haut".

Das Bild einer engen Freundschaft zwischen zwei Vertretern unterschiedlicher Hautfarben ist in der Literatur wohlgepflegt – denken wir nur an Daniel Defoe (1661 - 1731), dessen Robinson Crusoe und seinen karibischen Freund Freitag! Emilio Salgari (1862 - 1911) – gelegentlich auch ein italienischer Karl May genannt – gehört mit seinem indisch-malaiischen Robin Hood Sandokan und dessen portugiesischem Freund und Weggefährten Yanez de Gomera ebenfalls hierher, auch wenn bei ihm ausnahmsweise einmal der Exote den großen Bruder gibt. Reale Beispiele aus der nordamerikanischen Geschichte mögen wir finden in der Verbindung der sog. Indianer-

---

[27] Anders als Cendrars wendet er sich aber ausschließlich an ein jugendliches Publikum

Prinzessin Pocahontas (1595 - 1617) erst mit John Smith (1580 - 1631), der sie entdeckte, später dann John Rolfe (ca. 1585 - 1622), dessen Frau sie wurde, bis sie nach kurzer Ehe mit 21 Jahren sehr jung verstarb, sowie vielleicht auch ein anderes, aus der Gegenwart Karl Mays gegriffenes, nämlich die Beziehung zwischen Thomas Jeffords (1832 - 1914) und dem Apachenhäuptling Cochise (1825 - 74). Literarisch ins Leben getreten war die Konstellation ‚roter Krieger und weißer Jäger' wohl zuerst in Coopers Lederstrumpf-Geschichten, einen roten Häuptling gar mit Universitätsbildung führte Reid im Roman „The Scalp Hunters"[28] in der Figur des „El Sol" ein, der auch eine indianische Schönheit, „La Luna", zur Schwester hat. Cooper, Reid und der bereits erwähnte Ferry haben alle ihren Beitrag geleistet zur Figur des roten Gentleman wie sie in „Winnetou I" dann endgültig vor uns steht - daneben aber auch zum Gesamtwerk Karl Mays, für das er hier und da Anleihen entnahm, sei es nun über Personendarstellungen, Hintergründe oder auch Handlungsansätze.

Die Autoren, die Karl May Vorbild und Vorgabe waren, arbeiteten größtenteils Zeitgeschichtliches auf, was sie selbst erlebt hatten oder ihnen von Zeitgenossen verlässlich berichtet worden war. Sie brauchten ihre Phantasie nicht übermäßig zu strapazieren, um einen Mountainman oder einen Indianerhäuptling zu skizzieren. Auch wenn Cooper im Gegensatz zu den meisten seiner Kollegen die Grenze ins Indianerland nicht überschritt, den Westen nicht bereiste, waren stets genügend Leute da, die ihm zuverlässige Beschreibungen und gut fundierte Nachrichten liefern konnten. Wenn auch ein wenig versetzt hatte er dennoch die Hand noch immer recht nah am Puls der Zeit. Angehörige seiner eigenen Familie wussten noch von den Tagen, als ihre Heimatstadt eine Siedlung an der Indianergrenze war, und so führt uns der erste Roman, der vorletzte der fünfteiligen Biografie,

---

[28] Der Film gleichen Titels, im Deutschen „Mit eisernen Fäusten", hat nichts mit diesem Roman zu tun.

wenn man das Gesamtwerk denn als eine Art Chronik seiner Hauptfigur betrachten will, so wie die einzelnen Erzählungen in den handelsüblichen Sammelwerken ja auch zusammengestellt sind, auch an einen Ort an der Indianergrenze, der Coopers Heimatort durchaus ähnlich war, wie man uns sagt. Wie später May beschrieb auch er die Abenteuer seiner Helden nicht in chronologischer Reihenfolge, wie der Deutsche verfasste er den Anfangsband der Chronik ebenfalls als letzten, nachdem er ziemlich bald erst seinen roten, dann den weißen Helden auf durchaus emotionale, wenn auch nicht kitschige Art in die ewigen Jagdgründe geschickt hatte, wobei der Abgang Nattys durchaus an das Klischee vom Tod altgedienter Soldaten erinnert. Mayne Reid, Ferry, Sealsfield, Gerstäcker und Möllhausen hatten zwar auch nicht alles erlebt, was sie schilderten, und nahmen als auktoriale Erzähler das für sich auch gar nicht in Anspruch, aber sie hatten die Landschaften gesehen und Leute kennen gelernt, die in dieser Umgebung gelebt und dort auch Abenteuer erlebt hatten. Es war ihnen vergönnt gewesen, das Lokalkolorit persönlich in Augenschein zu nehmen. Das alles fehlte Karl May. Er arbeitete im letzten Viertel des 19. Jahrhunderts im Zentrum Europas an Geschichten, die seiner Absicht nach im Indianerland zwischen Anfang 1860 und der Mitte der 1870er Jahre spielten, tatsächlich aber eher den Stallgeruch der 30 Jahre vor dem Bürgerkrieg atmeten. So verfasste er unbeabsichtigt, aber ganz im Stil der Zeit, die schon vor Beginn des Jahrhunderts begonnen hatte, alte Märchen zu sammeln und gegen Ende des Säkulums immer noch neue dazu erfand, ebenfalls Märchen, Geschichten, die zumindest außerhalb der Zeit stehen, in der sie nach dem Willen ihres Schöpfers eigentlich angesiedelt sind. Es ist eine von ihm erdachte ganz eigene Welt, zumindest wo die Abenteuer in Nordamerika angesiedelt sind. Aber auch die Gegenseite sei erwähnt: Diejenigen, die ihm Orienterfahrung attestierten, hätten selbst, wie Peter Rosegger eben, von dem wir das wissen, keinerlei diesbezügliche Ortskenntnis vorzuweisen gehabt. Im Grunde herrschte bei ihm, welchen Schauplatz es auch immer betraf, das vor, was Goethe dahingehend formuliert hatte „das Land der Griechen mit der Seele suchen".

Die Zentralgestalt seines Erzählwerks ist W I N N E T O U, sein ureigenstes Geschöpf, auch wenn kaum eine andere literarische Figur so viele Väter aufzuweisen hat wie „der edelste aller Indianer". Keiner seiner Vorläufer kann sich allerdings mit ihm messen. Coopers Chingachgook ist Natty Bumppoo ein treuer Gefährte, aber wenn der Lederstrumpf auch nur ein einfacher kleiner Mann war, den roten Freund überragte er doch, was Bildung und Gesittung angeht, um einiges. Reids El Sol zeigt sich trotz seines Universitätsbesuchs gelegentlich als unzivilisierter, nur seinen primitiven Instinkten folgender echter Sohn der Wildnis, was vermuten lässt, dass die ganze Bildung und Erziehung nur Firnis und oberflächliche Tünche geblieben sind, und auch Ferrys Rayon Brulant liefert immer wieder Beweise für seine tief verwurzelte barbarische Herkunft und bestialische Art. 1876 mildert May in seiner Waldläuferbearbeitung diese Züge etwas ab, aber zu dem Edlen Wilden, von dem Rousseau träumte und der erst ab 1892 sowohl an äußerer Gestalt als auch innerem Gehalt als vollendet zu betrachten ist, führt noch ein weiter Weg. Am Ende steht dann allerdings doch die beabsichtigte

Apotheose
(gr. „Vergöttlichung")

~

Gelegentlich mag aus der Schilderung und Bewertung der Ereignisse der Eindruck einer zynischen Betrachtungsweise entstehen. In diesem Zusammenhang sei darauf hingewiesen, dass dieser gefühlte Zynismus, wie er hier einmal genannt sei, aus den geschilderten geschichtlichen Abläufen als solchen resultiert. Eine Haltung also, welche den historischen Ereignissen an sich geschuldet ist. Man verwechsle den Zynismus, dessen die Historie sich ab und an zu bedienen scheint, aber nicht mit der Intention dessen, der sie hier nur wiedergibt und daneben auch noch etwas kommentiert.

~

Und was sagt ein weltberühmter US-amerikanischer Autor jener Tage dazu, der nicht zuletzt für seine Jugendbücher bekannt, aber auch für seinen Zynismus geliebt ist?

Die Entdeckung Amerikas war eine wundervolle Sache: noch wundervoller wäre es gewesen, hätte man Amerika nie entdeckt. (Mark Twain)

Angesichts dessen, was der weiße Mann dem amerikanischen Ureinwohner so alles angetan hat, kann man diesem ebenso bekannten wie bekennenden Indianerhasser trotz aller sonst berechtigten Einwände gegen ihn nur Recht geben.

Sympathischer wäre es freilich gewesen, hätte er diesen Satz aus einer mitfühlenden Regung und nicht seinem Hass heraus und von diesem getragen geäußert!

Dennoch – zu bedenken gegeben: Hätten wir dann jemals einen Mark Twain gehabt? Einen Samuel Langhorne Clemens vielleicht, aber einen Mark Twain?

Karl Mays „Erzählungen für die Jungend"

- die Chronologie, „Der schwarze Mustang" und
„Die Sklavenkarawane" -

B ei der Lektüre von Karl Mays Erzählungen für die Jugend
ergibt sich ein interessantes Phänomen. In den fünf Erzählungen/vier davon Büchern, die im Wilden Westen angesiedelt sind,
treffen wir auf eine Reihe von Figuren – Winnetou, Old Shatterhand,
Old Firehand, das Kleeblatt, Bloody Fox -, die uns auch in anderen
Zusammenhängen da und dort begegnen. Man ist versucht, diese
Abenteuer nicht nur deshalb in den Rahmen der Ich-Erzählungen
einzuordnen. Bei diesem Vorhaben sieht man sich aber bei genauerer
Betrachtung mit ganz unerwarteten Schwierigkeiten konfrontiert.

In der Geschichte „Der Sohn des Bärenjägers", mit der die Erzählungen für die Jugend beginnen, sagt der Hobble-Frank, um seine Nationalitätszugehörigkeit ein für alle Mal abzuklären, zu seinem korpulenten Freund, dem Dicken Jemmy: „Ich bin een Deutscher und bleib
een Deutscher, zumal wir jetzt nu eenen Kaiser haben." Aus dieser
Aussage („eenen Kaiser") ergeben sich erste Komplikationen, die
zusammen mit anderen Sachverhalten und einer Reihe logisch zwingender Überlegungen sich zu einem Gebirge aufhäufen, über das im
Grunde kein Saumpfad zu einer gemeinsamen Chronologie der beiden Erzähl-Körper mehr führen kann. „Eenen Kaiser" hatte das
Deutsche Reich nahezu 65 Jahre nach der von Napoleon erzwungenen und durch den Reichsdeputationshauptschluss in die Wege geleiteten Selbstauflösung des Heiligen Römischen Reiches Deutscher
Nation vom 2.2.1806 erst seit dem 18.1.1871 wieder – zwei Wochen
dauerte es wohl, bis diese Neuigkeit ihren Weg in den hintersten
Winkel des Far West gefunden hatte, so dass die oben angesprochene
Klarstellung frühestens gegen Mitte/Ende Februar 1871 stattgefunden haben dürfte (die Witterungsverhältnisse, die einen Besuch des

Yellowstone-Parks unter den in der Erzählung gegebenen Bedingungen erlauben, treten jedoch erst im Hochsommer ein, was einen weiteren Einschnitt ins Zeitgefüge bedeutet), - und die Winnetou-Abenteuer-Zeit endet laut Karl May definitiv mit dem Tod des Häuptlings, den er einmal auf Anfang September 1874 legt, ein Datum, auf das er in etwa immer wieder zurückkommt. In diesem Zeitraum - drei Jahre nur - müssten nun neben dem oben genannten Titel noch „Der Geist des Llano Estakado", „Old Surehand I", wo ja auch die Geschichte um Bloody Fox am Rande ein wenig weitererzählt wird, später dann noch „Old Surehand III", in dem die Familienzusammenführung ihr Ende findet, „Der Schatz im Silbersee", „Der Ölprinz", „Weihnacht", die „Satan-und-Ischariot"-Trilogie und „Der schwarze Mustang" vor „Winnetou III" untergebracht werden, soweit allein der Schauplatz USA betroffen ist.

Charley, der ja an jedem dieser Abenteuer auch maßgeblichen Anteil hat, ist außerdem im Jahr 1873 in Südamerika „Am Rio de la Plata" und „In den Kordilleren" engagiert, wofür die Angaben aus Bernhard Kosciuszkos Figurenlexikon und anderer angesichts der vorhandenen Daten kaum eine andere Reisezeit zulassen. Für Hobble-Frank und Tante Droll schließt sich nach dem Abenteuer am Silbersee erst mal ein längerer Aufenthalt dort an (vielleicht werden sie sogar den Winter über in den Rocky Mountains eingeschneit?) und dann ein ebensolcher in der sächsischen Heimat, wo sie ihre Anteile an den Edelmetallfunden (anfangs nur Silber, wozu dann auch noch Goldfunde kommen) sinnvoll anlegen und dann einige Zeit der Ruhe und Muße genießen. – Hobble-Frank baut wohl auch seine Villa, „ein großartiger Bau am schönen Strand der Elbe", wie er am Ende von „Der Schatz im Silbersee" ankündigt (der Bau eines Hauses an einem Flussufer erfordert bezüglich Statik und architektonischer Sorgfalt gründlichere Vorbereitung als an einem anderen Standort, nimmt mit anschließender Einrichtung auch mindestens ein bis zwei Jahre in Anspruch; schließlich und endlich stellt man so ein Haus sich üblicherweise aber auch nicht hin, um es dann sofort wieder abzuschließen und erneut auf Reisen zu gehen) -, bevor sie von Fernweh und Abenteuerlust getrieben erneut in den Westen aufbrechen, um dann als Winnetou und Old Shatterhand kostümiert und ausstaffiert kraftvoll in die Auseinandersetzung mit dem Ölprinzen einzutreten. – Allein diese Verkleidung kündet schon von einer gewissen Unbeschwertheit, ja Opulenz, zeigt auch, dass sie sich durch ihre Anteile am Edelmetallfund als finanziell abgesichert betrachten können und nicht mehr von einer wie auch immer gearteten materiellen Not veranlasst über den großen Teich gehen (müssen). - Noch vor seinem ersten Zusammentreffen mit Tante Droll ist in „Der Schatz im Silbersee" anlässlich der Zweikämpfe im Indianerlager wiederum aus dem Mund des Hobble-Frank zu hören: „Soll denn schpäter in der Geschichte des vierten Viertels des neunzehnten Jahrhunderts zu lesen sein, dass ich von so eenem indianischen Merinogesichte[29] überschprungen worden bin?". „Viertes Viertel des 19.Jahrhunderts", das heißt also frühestens in oder auch nach 1876, was auf alle Fälle jedoch schon nach dem von Karl May auf verschiedene, nur leicht differierende Daten gelegten Todestag Winnetous wäre, der aber auch nach diesem Abenteuer bekanntermaßen noch kräftig mitmischt, so dass wir seine Lebensspanne also wohl mindestens um ein paar Jahre verlängern müssten. – Freilich wurde die betreffende Zeitangabe aus dem Munde des Hobble-Frank dann vom KMV in die besser in den ursprünglich wohl von May vorgegebenen Rahmen passende Formulierung „zweite Hälfte des 19. Jahrhunderts" umgewandelt, aber in der Urfassung wohl näher stehenden Versionen, der Historisch-Kritischen Ausgabe (HKA) eben, ist es nun mal so zu lesen. Ebenfalls muss vor dem letzten Auftritt der beiden Sachsen in „Der schwarze Mustang" noch einmal mit einem weiteren Zwischenaufenthalt in ihrer Heimat gerechnet werden. Auch zwischen den beiden Erzählungen, die im Band „Unter Geiern" zusammengefasst sind, ist eine längere Pause zu denken, da aus dem „Sliding Bob" des ersten Textes mittlerweile ein gewandter Reiter geworden ist, was

---

[29] Merino => eine Wollschafrasse

sich wohl auch nicht von heute auf morgen bewerkstelligen und erreichen lässt. Der Winter von 1871 bis 72 böte sich als Trainingsperiode da durchaus passend an, ein Winter, der ja in einer geografischen Lage stattfindet, die in etwa dem westlichen Nordafrika (Algerien/Marokko) entspricht. Auch die etwa anderthalbjährige Umrundung des östlichen Mittelmeeres von Algerien [auch wenn der eigentliche Einstieg für den Leser erst in Tunesien stattfindet, sofern er nicht Jörg Kastners „Die Oase des Scheitans" (2000, in erweiterter Fassung neu aufgelegt unter dem Titel „Hadschi Halef Omar" 2010) mit einbezieht] nach Albanien durch Charley in der Gestalt von Kara Ben Nemsi, die den Handlungsrahmen des Orient-Romans bildet, ist laut Angabe des KMV in diesem Zeitraum angesiedelt. Sogar wenn wir das Abenteuer im Osmanischen Reich zeitlich verschieben (was sich jedoch für Südamerika durch den Lopez-Jordan-Aufstand von 1873 verbietet, auch darf die Jagd nach dem Schut der Verfolgung des Mahdi nicht allzu nahe kommen), haben wir immer noch eine Fülle von Unternehmungen, die in diesem knappen Zeitraum ganz unmöglich zu bewältigen wären.

So engt May gerade durch die an sich bewährte Methode so mancher Schriftsteller, den Wahrscheinlichkeitsgrad der erfundenen Fabel über die Verquickung mit historischen Persönlichkeiten und Ereignissen zu erhöhen, seinen Handlungsspielraum tatsächlich gewaltig ein. Dazu kommt noch, dass beim ersten Auftritt der sächsischen Vettern in „Der Ölprinz" davon die Rede ist, der Schatz am Silbersee sei nun bereits vor einigen Jahren entdeckt worden, was wiederum die Zeitschneise zwischen den Geschichten vergrößert, die eigentlich ziemlich unmittelbar aufeinander folgen müssten. Die fünf Abenteuer um den Hobble-Frank nehmen innerhalb des zur Verfügung stehenden Zeitrahmens unter Berücksichtigung der nötigen Ruhephasen eben deutlich mehr Raum ein, als dem Versuch einer chronologischen Einordnung innerhalb der zur Verfügung stehenden drei Jahre gut tut. Eine weitere Komplikation ergibt sich aus dem Umstand, dass „Bloody Fox", zu Beginn, also 1871, so um die 15/16 Jahre alt, zwar erstmals im Jugend-Roman „Der Geist des Llano Estakado" auftaucht, seine Geschichte dann aber in der Ich-Erzählung „Old Surehand I", wo er, nun 25-jährig, also rund zehn Jahre später (somit ca.1881!), Winnetou und Old Shatterhand bestens bekannt ist, etwas weiter gesponnen wird.

Wir sehen uns also bei den Chronologisierungs-Versuchen mit der unmöglichen Situation konfrontiert, dass wir unter dem zeitlichen Aspekt Ich-Erzählungen und Jugend-Romane nicht unter einen Hut bringen können, genau das aber aus den erwähnten personellen Gründen heraus tun müssen. – Vielleicht aber hatte Charley ja auch seine beiden namensgleichen und auch ansonsten identischen eineiigen Drillingsbrüder zu den anderen Orten seiner Abenteuer losgeschickt – in „Deutsche Herzen, Deutsche Helden" erlaubt er sich Ähnliches doch zu wiederholten Malen (man denke nur an die ganz offensichtliche Dreiteilung Florins in Derwisch Osman, Bill Newton und Peter Lomonow sowie multiple Präsenzen anderer)?! - Angesichts all dieser zu berücksichtigenden Fakten lässt der von Karl May auf welches Datum in den 70-er Jahren auch immer gelegte Todestag Winnetous sich wohl nicht mehr aufrechterhalten, sondern muss zwingend auf einen späteren Zeitpunkt rund zehn Jahre weiter in die Zukunft verlegt werden! - Könnten wir in Karl May nun einen Verfasser von Science-Fiction-Romanen vermuten, hätten wir es bei den Erzählungen für die Jugend, soweit sie in den USA angesiedelt sind, vielleicht mit Erlebnissen in einer Parallelwelt zu tun, wäre da nicht die in beiden Universen gleichermaßen fest verankerte Person Bloody Fox. Science-Fiction-Autoren des 20. und 21. Jahrhunderts hätten sicher keine Bedenken, eine Person auf diese Art zweizuteilen, dem anerkannten, renommiertesten Verfasser von Zukunftsgeschichten seiner Zeit, Jules Verne, aber lagen derlei Gedanken noch vollständig fern. Und auch Robert Louis Stevensons Geschichte „Dr. Jekyll und Mr. Hyde" beschrieb ja nicht eine Person, die doppelt vorhanden, sondern eine, die in ihrem innersten Wesen zwiespältig, also gespalten war.

Auch aus anderen Gründen ungewohnt und ungewöhnlich präsentiert sich insgesamt „Der schwarze Mustang", ganz so, als sei er nicht vom gewohnten Planeten May, auch wenn wir es besser wissen und es bezüglich seiner Autorschaft gar keine Zweifel gibt. Mit ursprünglich 344 (nach Ueding), jetzt 250 (grüne Bände) bzw. 315 Seiten (HKA) insgesamt verhältnismäßig kurz ausgefallen für einen Autor, von dem wir Romane von über 500 Seiten und mehr gewohnt sind, ist er auch mit nur zwei Hauptschauplätzen (Firwoodcamp/Birch Hole/Rocky Ground, was als Eisenbahn-/Chinesen-Episode zusammengefasst werden kann, aber eben nur einen einzigen Schauplatz darstellt, und daneben noch den Estrecho de cuarzo) relativ statisch und von der ganzen Konstruktion her etwas eigenartig. Sollte da ursprünglich Größeres geplant gewesen sein, was dann nur noch mit einem hastigen Abschluss versehen wurde? Vielleicht eine ähnlich gestaltete Saga von einer Familienzusammenführung wie um Old Surehand und seine Angehörigen? Die Auflösung mit dem aus dem Hut gezauberten dritten Timpe, der dann Aufklärung zu sämtlichen noch offenen Fragen bringen kann, wirkt doch arg lahm und konstruiert! Ein Blick in den relevanten Band der Chronik verrät uns aber auch eine ungewöhnlich lange, immer wieder unterbrochene Entstehungszeit. - Da sind zudem nicht nur die unterschiedlichen, aufgrund der wetterbedingten und allgemeinen geografischen Verhältnisse recht weit voneinander entfernt scheinenden Handlungsorte, zwischen denen eigentlich kein rational nachvollziehbarer Zusammenhang besteht, sondern auch, als sei über der Abfassung so viel Zeit vergangen zwischen erstem und zweitem Teil, dass der Autor sich nicht mehr hineinzufinden vermochte in all die Gedanken und die Stimmung, aus denen heraus er den Auftakt verfasst hatte, während andere teils wesentlich längere Erzählungen immer noch eher wie aus einem Guss erscheinen! Da haben anscheinend nicht nur ein Wechsel des geografischen Schauplatzes des Romans, sondern auch einer der inneren Befindlichkeit und Umstände des Autors stattgefunden! Der erste Teil gerät durch die äußeren Vorgaben – erst dieser Regensturm im finsteren Wald, dann Drolls Ischiasvorfall und die

Klagen der Timpes über ihr verloren gegangenes Erbe, schließlich der vorübergehende Verlust der Gewehre und der versuchte Pferdediebstahl – recht düster, dann scheint zu Beginn des zweiten Teils eine melancholische, geradezu fatalistische Stimmung um sich zu greifen, nicht nur durch die Ausstoßung der glücklosen Gruppe von Naiini-Komantschen aus ihrem Stamm – obwohl es doch die bösen Buben dieses Trauerstücks sind, eine so hinterhältige Behandlung durch den eigenen Enkel hat nicht einmal Tokvi Kava verdient (klingt in dem namenlosen weißen Schwiegersohn des Häuptlings etwa gar Parranoh noch einmal an?) -, sondern auch durch die nahezu pathetische Erscheinung von dieser „Majestät" und ihrem Trupp von 30 Mann. Trotz dieser Kampfstärke wirkt er wie ein bemitleidenswerter verlorener Haufen. Die Chinesen und das Eisenbahnambiente des ersten Teils sind vergessen, nur noch die sechs Helden, zu denen nun diese neue Truppe stößt, sind neben den Schurken übrig geblieben. An die Stelle der üppigen Vegetation des Auftakts tritt jetzt in einem doch recht krassen Gegensatz dazu die äußerste Kargheit des Endgesangs – anfangs beinahe zu viel Grünwuchs und eine Feuchtigkeit, die aber nicht erfrischt, sondern eher bedrückt und zur sowieso schon gedrückten Stimmung noch beiträgt, gegen zu wenig davon am Ende der Erzählung, was die Gesamtbefindlichkeit auch nicht gerade verbessert. Angesichts der zwei räumlich, zeitlich und personell auseinanderklaffenden Teile könnte man fast an einen – verloren gegangenen – Mittelteil denken, der eine Brücke geschlagen haben könnte. -

Zwar können wir gerade bei Karl Mays Jugendromanen fast immer einen (oft sogar lawinenartigen) Anstieg an Personal beobachten, „Der Schatz im Silbersee" z.B. beginnt auf der Seite der Guten mit Old Firehand und den Tonkawa-Bären, denen sich bald Tante Droll (mit Fred Engel), der Ingenieur Butler (mit Tochter Ellen) sowie dann auch noch der Schwarze Tom und seine Rafters zugesellen. Auch die Zahl der Tramps vermehrt sich zunächst stetig. Nach dem Kampf im Holzfäller-Camp trennen sich die beiden „Bären" vorübergehend vom Trupp der Gutmenschen, um auf direktem Weg zum Silbersee zu reiten (um wohl dort alles für den zu erwartenden Besuch vorzubereiten, von dem aber vorerst nur der Autor etwas weiß). Dennoch wird es von Station zu Station stetig mehr Personal, das dem gleichen Ziel zueilt. Ab dem Kampf um Butlers Farm ist es Lord Castlepool mit Humply-Bill und Gunstick-Uncle, vom Eagle-Tail/ Sheridan/Eisenbahnercamp an auch Winnetou, sowie Watson, des Missouri-Blenters Weggefährte von dessen früherem Silbersee-Besuch, letztlich Old Shatterhand mit dem Hobble-Frank, dem Langen Davy und dem Dicken Jemmy. All diese Zuwächse und personellen Ergänzungen empfindet der Leser aber nicht als etwas Aufgesetztes, eine Unsicherheit des Autors, es entspricht vielmehr dem, was er von Karl May hier gewohnt ist und erwartet. Vom ersten Auftritt Old Firehands an wartete man auf Winnetou, und mit Old Shatterhand war das Überhelden-Ensemble dann vollständig, wobei aus einer Äußerung Firehands hervorgeht, dass das Zusammentreffen Winnetous mit Old Shatterhand ursprünglich sogar erst am Silbersee eingeplant war. - Auch in anderen Erzählungen war es immer die eine oder andere Person, die sich den vorherigen zugesellte und so der Helden Zahl ergänzte, wer aber konnte in „Der schwarze Mustang" mit dieser „Majestät" und ihrem Hofstaat rechnen? Auch das Auftauchen eines weiteren Timpe war nicht notwendigerweise zu erwarten. Die Gruppe um „Majestät" wirkt wie aus dem Hut gezaubert, 30 Personen, die da ganz unvorhergesehen überraschend wie aus dem Nichts erscheinen und für den Leser auch nicht ganz einfach einzuordnen sind. Handelt es sich nun um gute Menschen, die unseres Mitgefühls würdig sind, oder böse Buben, denen im Estrecho de cuarzo nur zukommen mag, was ihnen gebührt – sollen sie doch Kopfhaut und Leben verlieren, was soll's! Ihrer Goldgier wegen möchte man sie fast zu den Schurken zählen, ebenso in ihrer generellen Einstellung Indianern gegenüber, obwohl wir Ähnliches manchmal sogar auf der Gutmenschenseite finden. Üblicherweise kennen wir bei Karl May keine Zwischentöne und Grauzonen des Charakters. Man ist entweder ein Gesetzestreuer und somit ein guter

Mensch oder ein Gesetzesbrecher und ein durch und durch infernalischer Charakter. Mühsam und nur allzu bemüht konstruiert erscheint die Tatsache, dass sich unter den Neuankömmlingen nun der Timpe findet, der zumindest die Nebenhandlung zu einem guten Ende bringen kann! Die Auswirkungen auf den Konsumenten der Texte sind bei weitem nicht so ärgerlich wie bei den allzu groben Schnitzern mancher Münchmeyerromane oder „Zepter und Hammer/Die Juweleninsel" und einigen anderen frühen Texten, aber dem aufmerksamen Leser scheint die ganze recht willkürliche Konstruktion doch zumindest etwas befremdlich.

Was war da mit Karl May geschehen? War er krank? Oder einfach nur müde, erschöpft und ausgelaugt? Fühlte er sich bedröppelt, wie die Timpes in diesem „Regenwald" sich beträufelt fühlen mochten? Hatte er „Der schwarze Mustang" vielleicht früher einmal begonnen, unvollendet zur Seite gelegt und die Arbeit daran dann zu einem Zeitpunkt wieder aufgenommen, als der Sinn ihm bereits nach ganz anderem stand? Hatte er sich schlicht nicht mehr in die dem Stoff zugrunde liegende Thematik erneut einfühlen können? Ein weiterer Blick in den entsprechenden Band der Chronik verrät uns Näheres. Tatsächlich schrieb er an dem für seine Verhältnisse etwas kurz geratenen Text von 1894 bis 1896, immer wieder unterbrochen durch andere Auftragsarbeiten, auch hatte er gesundheitliche Probleme. Er verdiente gut, fand aber keine Gelegenheit, seinen Wohlstand zu genießen, da Emma die Gepflogenheiten der Hungerzeit strikt aufrecht erhielt und seinen Hang zur Großzügigkeit nicht unterstützte, ja ihm entgegensteuerte. Das steht natürlich in einem gewissen Widerspruch zu dem, wenn er, hauptsächlich frühere Zeiten betreffend, immer wieder einmal schreibt, dass sie in beinahe ununterbrochener Reihenfolge Gäste, die ganze Münchmeyerei, wie er es nannte, ins Haus geschleppt habe und er deshalb nicht zur Arbeit gekommen sei. Wie auch immer, Ärger war vorprogrammiert und dieser sicher auch nicht gerade das geeignete Mittel, seine kreative Laune zu fördern. Das alles erklärt aber nicht die Tatsache, dass ein Bruch in der Handlung vorliegt. Umso weniger, wenn man bedenkt, dass er sich das Geschriebene, was bereits außer Haus gegangen war, wieder zurück schicken hatte lassen, um so den Anschluss erneut zu schaffen. Wie mag es dennoch zu diesem Bruch gekommen sein? - Der Auftritt des Zusatzpersonals um „Majestät" hat allerdings auch etwas dem Theater Verhaftetes an sich, einen Hauch von Oper und Tragödie, wenn auch nur einen kleinen Hauch davon. Könnte das damit in Zusammenhang stehen, dass Karl May sich zeitweise selbst mit dem Gedanken an eine Heldenoper trug? Ein Trupp von 30 Mann, das könnte ja auch ein Chor sein! -- Vielleicht aber haben wir uns diese fünf Abenteuergeschichten aus dem Wilden Westen, expressis verbis ja konzipiert für die Jugend, überhaupt ganz außerhalb des sonstigen Kanons zu denken? Hilfreich wäre es, denn die beiden Zeitangaben, die wir aus dem Mund des Hobble-Frank erhalten, sind doch eher hinderlich als hilfreich zur zeitlichen Einordnung aller Abenteuergeschichten! Außerhalb dieses Kanons stehen jedenfalls die weiteren Erzählungen für die Jugend, als da wären der für die Buchform von „Kong-Kheou, das Ehrenwort" in „Der blaurote Methusalem" umbenannte Roman, „Das Vermächtnis des Inka" und auch „Die Sklavenkarawane". Dort aber walten dann andere Gestalten, nicht Hadschi Halef Omar, Winnetou oder der ansonsten nahezu omnipräsente Charley.

Der Überheld in Der blaurote Methusalem ist Friedrich Degenfeld, auch wenn der schon als einfacher Held kaum mithalten kann. Seine herausragendste Fähigkeit ist seine Kenntnis des Chinesischen, außerdem ist er gefürchtet als ein gewaltiger „Schläger", womit seine Fähigkeiten auf dem Paukboden der schlagenden Studentenvereinigung gemeint sind, der er angehört, eine Fertigkeit, die im Rahmen dieses Pseudo-Abenteuers jedoch keinerlei Rolle spielt, eher ist es seine Trinkfestigkeit, die sich gelegentlich als vorteilhaft erweist. Angesichts der vom Autor in seinen Erzählungen ansonsten an den Tag gelegten Einstellung zum Genuss alkoholischer Getränke – Bier zur Erfrischung und/oder Wein zum Tafelgebrauch ist in Ordnung, wo aber übermäßiger Niesbrauch zum Missbrauch wird (siehe den Mütesselin, Bancroft, Marcy, Riggs, Wheeler, Rattler & Co und andere), da erhebt sich stets der warnende Zeigefinger – ist Trinkfestigkeit kein sehr sympathischer Zug, schon gar nicht an einem Helden. Dementsprechend passt dieser ewige Student zumindest zu Beginn und für einen Großteil des Romans besser in das Klischee „wer sonst zu nichts taugt, ist immer noch als abschreckendes Beispiel gut". - Ein grundlegender Unterschied zwischen dem Methusalem und den Helden der anderen hier genannten Erzählungen ist auch, dass dieser ewige Student im Grunde gar nicht weiß, worauf er sich einlässt, während all die anderen sich doch Gefahren stellen, die ihnen zumindest vom Grundmuster (unwirtliche Gegenden, wilde Tiere, feindselige Eingeborene) her zumindest nicht ganz unbekannt sind.

Im Roman „Das Vermächtnis des Inka" heißt der Superheld dann ‚Vater Jaguar' und er ähnelt in vielen Punkten Old Shatterhand/Kara Ben Nemsi, als komische Gegenparts stehen neben ihm der Altertumsforscher Dr. Morgenstern, weltfremd, naiv, ebenso arg- wie ahnungslos, sein Diener Fritz Kiesewetter sowie der halbverrückte Chirurg Don Parmesan, mehr dem Dr. Eisenbarth verwandt als dem Wiener Arzt Dr. Ignaz Semmelweis, der sich und seinen Kollegen die Desinfektion zum Schutz vor der Übertragung von Krankheitskeimen dringendst empfahl.

66

„DIE SKLAVENKARAWANE"

- ein ganz besonderer Roman des Winnetou-Autors -

In der siebenteiligen Reihe der „Erzählungen für die Jugend" aus der Feder Karl Mays treffen wir auf eine Reihe von Gestalten, die wir in anderen Werken so nicht finden. Da haben wir in „Das Vermächtnis des Inka" den Professor Morgenstern, der nur für seine Urzeitgeschöpfe wie Saurier und Co. lebt, und in „Der Ölprinz" den Kantor emeritus, der für seine Wildwest-Heldenoper jede auch selbst heraufbeschworene Gefahr auf sich nimmt, da sind einige selbststilisierte Alleswisser, aus deren Kreis der Hobble-Frank als die am besten konstruierte Figur herausragt. An der Schnittlinie zwischen wahren Wissenschaftlern und reinen Scharlatanen finden wir in „Das Vermächtnis des Inka" Don Parmesan, der für sich in Anspruch nimmt, Chirurg zu sein, seine Kompetenz aber glücklicherweise nie unter Beweis stellen muss. Der Grundlinie angemessen treten natürlich auch in jedem Buch ein paar Jugendliche auf, Teenager zwischen 13 und 17 Jahren, die mit im – emotionalen - Mittelpunkt stehen, ohne den Helden, von denen sie begleitet werden, auch in der Beziehung ihre Rolle streitig zu machen.

Was macht nun den Roman „Die Sklavenkarawane" so besonders, lässt ihn über die anderen aus dieser kleinen Reihe hinausragen? Ist es die Tatsache, dass wir es hier eigentlich mit drei gleichberechtigten Helden zu tun haben, wovon der eine, der Ornithologe Ignaz Pfotenhauer, durchaus auch Merkmale einer May-typischen komischen Figur trägt und Emil Schwarz, die zentrale Heldenfigur, von Beginn des Romans an Belehrungen von einer eigentlich als lustig empfundenen Gestalt entgegennehmen muss, Belehrungen, die ihn, oder auch den Belehrenden, im Endeffekt aber nicht dumm dastehen lassen, sondern wirklich schlauer machen und ihm in jedem einzelnen Fall auch wirklich weiterhelfen?

Als Erstem begegnen wir in dieser Geschichte dann eben diesem Deutschen, der zwei Gewehre mit sich trägt und von den Eingeborenen auch bereits einen Beinamen erhalten hat. Ist er nun ein besonders guter Schütze, ein herausragender Faustkämpfer, handelt es sich bei den Langwaffen um eine überschwere Donnerbüchse und ein als Zauberwaffe betrachtetes Repetiergewehr etwas ungewöhnlicher Bauart? Nein, die Waffen sind eine leichte Vogelflinte und eine Büchse gegen Widersacher aller anderen Art, und der Beiname „Vater der vier Augen", leitet sich ab von der Brille, die er zum Schutz des Gesichtssinns gegen die gleißende Helligkeit trägt, die der Wüste nun mal eigen ist, weil die Sonne sich in jedem der Myriaden von kleinsten Sandkristallen spiegelt. Wenn seine Treffsicherheit mit diesen Langfeuerwaffen diejenige seiner Begleiter übertrifft, dann liegt es nicht zuletzt auch daran, dass er Präzisionsgeräte jüngster Produktion benutzt, die den Uraltbüchsen seiner eingeborenen Begleiter schon aus diesem Grunde überlegen sind. Er spricht die Dialekte der Gegend, hat sich gut vorbereitet für die Expedition, ist sportlich und gesund, und hat sich mit guten Landkarten für seinen Reiseweg versorgt, es darüber aber versäumt, sich ausreichend über Sitten und Gebräuche der Gegend zu informieren und über das, was ein Wüstenwanderer im Umgang mit den Eingeborenen beachten sollte, denen er sich anvertraut. Dementsprechend muss er sich eben erst von dem kleinen Slowaken eines Besseren belehren lassen, wonach es ihm aber doch gelingt, aus der Situation noch das Beste zu machen. Stefan Pudel, geboren in der österreichisch-ungarischen Doppelmonarchie an einer Schnittstelle zwischen Ungarn und Böhmen, dem so gar nichts Heldenhaftes anhängt, hat durch seine langjährige Anwesenheit ihm die direkte Kenntnis des Landes und seiner Sitten voraus. Wie er immer wieder anklingen lässt, hat er auch einige Jahre als Begleiter/Faktotum eines vor vielen Jahren bereits verstorbenen deutschen Gelehrten verbracht. - Zwar muss auch Old Shatterhand während seiner Anfangszeit von seinem ersten Ausbilder Sam Hawkens Belehrungen entgegennehmen, was ihm nicht immer gefällt, aber als wir Kara Ben Nemsi zum ersten Mal begegnen, hat

Halef in seiner Rolle als sprach- und ortskundiger Führer seines „Sihdi" anscheinend bereits ausgedient. Emil Schwarz dagegen hat immer wieder Gelegenheit, von der Erfahrung seines Begleiters zu profitieren, der damit eindeutig über die Position des lustig-doofen Sidekicks hinauswächst, wenn er auch nicht zum Lehrer des zentralen Helden wird.

Lustig, ja komisch wirkt auch nur auf den ersten Blick der spätere Professor Ignatius Pfotenhauer. Wie seine Freunde, die Brüder Josef und Emil Schwarz, von denen ihm speziell Josef ans Herz gewachsen scheint, ist er ein ernsthafter Forscher mit großem Fachwissen, der ohne Ausnahme den jeweiligen lateinischen und sogar den einheimischen Namen des Vogels parat hat, dem er gerade begegnet. Auch um die Herleitung der bei den Eingeborenen üblichen Benennung ist er nie verlegen. Er ist eine Figur, die durch den Running Gag der nie zu Ende gebrachten Schilderung seines ornithologischen Examens, der sich durch den ganzen Text zieht, einerseits zwar zur Belustigung des Lesers beiträgt, daneben andererseits aber auch eine zutiefst humane Gesinnung offenbart, indem er es vorzieht, seine Gegner aus den Eingeborenenstämmen dadurch zu fällen, dass er bei sich bietender Gelegenheit ihnen die beinharte Hochfrisur durchschießt, anstatt die Brust. Karl May ist hier vielleicht eine der abgerundetsten Gestalten aus seinem Kosmos gelungen. Pfotenhauer ist in Bayern geboren und zu Hause, und obwohl Angehörige dieses deutschen Stammes vor allem in norddeutschen Gefilden, wozu für den gebürtigen Bayern alle Gegenden nördlich des erweiterten Weißwurst-Äquators, also jenseits der Mainlinie gehören, oft belächelt werden, hat der Autor es sich verkniffen, die Figur dahingehend zu verzeichnen. Auch die Dialektproben, die er ihn abliefern lässt, halten sich im erträglichen Rahmen, werden in geradezu homöopathischer Dosis serviert, was mehr ist, als man bedauerlicherweise von der vollständig verunglückten Variante sagen muss, die er uns in „Der Weg zum

Glück" zumutet[30]. Josef Schwarz bildet das Pendant zu seinem Bruder, auch er ist, von der äußeren Erscheinung einmal abgesehen, keine so überragende Gestalt, wie wir sie von anderen Heldengestalten aus der Feder des Sachsen kennen.

Parallel zu den Haupthelden, wenn auch ohne deren Auftrag, gelingt es gegen Ende der Erzählung Stefan Pudel zusammen mit seinem Streitpartner und Busenfreund Ali den Sklavenjäger Abd el Mot, die rechte Hand des Oberschurken Abu el Mot, aus der Mitte der Feinde herauszuholen. Anders als geplant bricht dann allerdings das Pandämonium los, als die zum Teil schon losgeschnittenen Schwarzen über ihre Peiniger herfallen und ihnen samt und sonders den Garaus machen. Eine Gelegenheit, bei der auch die Helden den sich entwickelnden Ereignissen machtlos gegenüberstehen und nur das Dunkel der Nacht uns den Anblick eines unerträglichen Gemetzels erspart. Anders als so mancher Schwarzafrikaner auch in anderen Ländern/Büchern werden die Eingeborenen hier zwar auch als aus europäischer Sicht ungebildet und naiv, aber nicht als dumme und bildungsunfähige stumpfe Kreaturen dargestellt, über die man lacht, ohne dass es sich dabei nun wirklich um Humor handelte.

Natürlich finden wir auch hier diverse Schwachstellen, nicht zuletzt in manchen Konstruktionen des Autors. Die mangelhaften Kenntnisse der Wissenschaftsbegriffe Stefan Pudels werden schon bei der ersten Konfrontation zu breit ausgewalzt und damit ad absurdum geführt. Hätte er nur die Begriffe Fauna und Flora als solche verwechselt, wäre das noch angegangen, aber die Ausdehnung auf all die anderen Termini technici übersteigt in der hier dargebotenen Ausführlichkeit jedes Maß des Vernünftigen und auch des Heiteren. Ein kleines Examen durch den „Vater der vier Augen" wäre vertretbar gewesen, aber dennoch unfein, weil es bedeutet hätte, den kleinen Mann der Lächerlichkeit preiszugeben. Nur die Tatsache, dass

---

[30] Der Verfasser dieses Aufsatzes ist gebürtiger Bayer und weiß also, wovon er hier spricht.

das betreffende Gespräch auf Deutsch geführt wird, oder das, was Stefan Pudel dafür hält, und bei dessen Einsatz er so manchen Pudel schießt, bewahrt ihn vor öffentlicher Blamage. Wesentlich besser erdacht und damit auch passender erscheint an anderer Stelle die „Retourkutsche" Alis, als er den mit seinen geografischen Kenntnissen Prahlenden dadurch aufs Glatteis führt, dass er ihn mit Ortsnamen konfrontiert, die ihre Heimat allesamt nicht in der Realität, sondern ausschließlich im Koran haben, ein Gebiet, auf das der Christ ihm nicht zu folgen vermag. Im Gegensatz zum Hobble-Frank und anderen sich intellektuell gebärdenden Großsprechern aber vermittelt Stefan Pudel dem Helden, dem er zur Seite gestellt ist, wie erwähnt doch eine ganze Reihe wissenswerter, nützlicher Informationen, was Land und Leute angeht, reicht also weit über das hinaus, was Hawkens und Halef letzten Endes zu bieten haben. – Nur auf dem Weg zum Silbersee gelingt es dem Hobble-Frank sich über sein sonstiges Niveau zu erheben, als er anlässlich der Kämpfe im Indianerlager für den Dicken Jemmy und sich selbst überzeugende Kampfstrategien entwickelt, die in beiden Fällen dann auch zum Erfolg führen.

Auffallend ist in „Die Sklavenkarawane" auch ein besonderes Duell, wie es nirgendwo sonst zu finden ist. Es trägt derart grotesk-unwahrscheinliche Züge, dass sich die Frage aufdrängt, ob Karl May es nicht dem Bericht eines tatsächlich aktiven Feldforschers entnommen hat, der es selbst als eine Kuriosität, eine maßlos groteske Unwahrscheinlichkeit empfunden und gerade deshalb in seinen Bericht aufgenommen haben mag. Angesichts des hohen Wissensstandes, den er sonst eigentlich durch die Bank unter Beweis stellt, scheint es unwahrscheinlich, dass er diese so offensichtliche Absurdität sich selbst aus den Fingern gesogen haben sollte. Es handelt sich um den bluttriefenden Zweikampf zweier absoluter Vegetarier, nämlich einen zwischen einem Elefanten und einem Flusspferd am Ufer des Nils. Der Elefant jagt einem Gegner hinterher und stürzt seiner stark überhöhten Geschwindigkeit wegen, die er nicht mehr abbremsen kann, neben den angesprochenen Hippopotamus in den

Fluss. So weit, so gut! Aber nun straft dieser Dickhäuter den anderen für diese grobe Ruhestörung, indem er mit seinen stumpfen Mahlzähnen seinem Kontrahenten den Rüssel abbeißt, wofür der sich dadurch rächt, dass er seinem Gegner den einzigen ihm noch verbliebenen Stoßzahn in den Leib rammt. Beide sind tödlich verwundet. Das Nilpferd erliegt den zugefügten Verletzungen und der Elefant erhält schließlich von Pfotenhauer mittels zweier Explosivkugeln den erlösenden Gnadenschuss. Sollte etwas derartiges tatsächlich je stattgefunden haben, wie wir aufgrund der oben angeführten Überlegungen beinahe annehmen müssen, wäre es interessant zu erfahren, bei welchem Forscher die Geschichte im Original zu finden ist.

Angeregt durch diese Untersuchung, aber über sie hinausweisend, noch ein paar Gedanken zu ein paar Gestalten aus dem Gesamtwerk, die sich unmittelbar gleich anschließen.

Außerhalb der Welt der Märchen und Sagen finden wir nicht allzu viele Autoren, die ihre Gestalten so strikt wie Karl May nur in die zwei Kategorien Gut und Böse, Schwarz und Weiß teilen – eine Grauzone finden wir bei ihm kaum jemals. Einen Ganoven mit ein paar sympathischen Zügen oder einen Gutmenschen mit finsteren Seiten suchen wir in seinem Werk nahezu vergebens. Als in „Winnetou III" der Erzschurke Santer Winnetous Testament zerstückelt und die Teilchen in die Tiefe streut, legt ausgerechnet Charley, der vollkommenste unter all den Gutmenschen, zwar den Bärentöter an die Schulter in der festen Absicht, gegen das Gebot „Du sollst nicht töten" eklatant zu verstoßen, aber er braucht dann doch nicht abzudrücken, da der Schuft sich unbewusst und ungewollt selbst richtet. Die Missetat bleibt ungetan, der Mord wird verhindert, da eine höhere Macht eingegriffen hat. Zudem lässt die Situation sich nicht an tatsächlich begangenen Verbrechen im Gesamtwerk messen, da die hier beabsichtigte und bereits eingeleitete Tat nicht aus kalter Berechnung und niedrigen Beweggründen heraus erfolgt wäre, sondern aus einer hochemotionalen (Not-) Lage, die nur den einen Sch(l)uss noch zuließ. Ein Wandel aber vom good guy zum Badman findet kaum je statt. Old Wabble reitet zunächst zwar auf der Seite der braven Buben, aber als der mehr als Neunzigjährige sich renitent weigert, sich der weisen Einsicht des nur höchstens ein Drittel seiner eigenen Jahre Messenden zu erschließen, gleitet er immer weiter ab, verfällt schließlich ganz und gar der Sünde. Er, der auch sonst die Bibel nicht liest, kennt eben nicht die Stelle, wo in der Old-Shatterhand-Edition als elftes Gebot zu lesen ist: „Du sollst dem über dich gesetzten Charley weder widersprechen noch zuwiderhandeln!" - Gelegentlich allerdings kommt ein Bösewicht in seinem letzten Stündlein noch zur heilsamen Einsicht, dass er sich nicht nur gegen Gottes Gebot, sondern, was in diesem Kosmos fast noch schwerer wiegt, gegen eine der vielen Verkörperungen des Ober- und Überhelden vergangen hat, diesem beichtet und nach der Absolution dann mit einem erlösten Lächeln auf den Zügen verstirbt. Siehe auch Gomarra und den Sendador im zweibändigen Südamerika-Abenteuer, siehe vor allem aber eben Old Wabble! Generell sind diese Lumpen aber alles nur allzu sehr in der Wolle eingefärbte tiefschwarze Seelen, die unbußfertig wie Daniel Etters, der schurkische Beinahe-Onkel/Halbonkel (weil Halbbruder des Vaters) von Old Surehand und Apanatschka, und eine Reihe anderer, die deshalb unerlöst und unter schrecklichen Qualen zur Hölle fahren, wohin sie auch gehören.

Während wir nun bei diesen Nachtgestalten kaum eine Schattierung entdecken können, finden wir auf der Seite der Helden durchaus eine gewisse Differenzierung.

An oberster Stelle stehen die Überhelden wie Old Shatterhand/Kara Ben Nemsi (gelegentlich der Einfachheit halber hier auch nur „Charley" genannt), Winnetou, Old Firehand, Old Surehand - ernsthafte Menschen, die viel können und wissen und diese Kenntnisse stets zum Wohle ihrer Mitmenschen einsetzen. Old Firehand und Old Surehand sind wahre Enakssöhne, Old Shatterhand und Kara Ben Nemsi als Spiegelungen ihres Schöpfers (ca. 1,65 m) eher unauffällig, Winnetou in seiner endgültigen Gestalt von nahezu femininer Zierlichkeit. An Auftreten und Erscheinung gibt es bei ihnen nichts zu bemäkeln, neben den Waffen wird auch der äußere wie der innere Adam stets rein gehalten. Sie sind wahre Lichtgestalten. Am stärksten von ihnen leuchtet selbstverständlich Charley, dessen natürlicher Autorität sich ohne jede Widerrede fast alle immer unterordnen, obwohl er doch der Jüngste im Bunde ist und im Gegensatz zu seinen wettergegerbten Freunden und Gefährten, die zum Teil schon seit Jahrzehnten kein anderes Ambiente kennen als Urwald, Wüste und Prärie, nur ein Gelegenheitsabenteurer zu nennen ist, ein Studierter, ein Akademiker somit, ein Bücherwurm.

Daneben treten Männer hervor, die über recht ähnliche Eigenschaften wie die Helden verfügen, jedoch durch die eine oder andere körperliche Missbildung nicht so ganz in die Adonisgruppe passen wollen. An vorderster Stelle stehen da Lord Lindsay und Ignaz Pfotenhauer mit ihren überdimensionierten Nasen, ein Merkmal, das wir auch bei dem kleinen, dicken Sam Hawkens finden. Der hat sich außerdem mit den zwei langen, dürren Gestalten Dick Stone und Will Parker zusammengetan, gerade so, als wollte er seine eigene groteske Erscheinung, umgekehrt aber auch die seiner Freunde dadurch noch hervorheben. Neben diesem sonderbaren „Kleeblatt" begegnen wir immer wieder aber auch Duos von bemerkenswerter Zusammenstellung wie den „verkehrten Toasts" Dick Hammerdull und Pitt Holbers, dem Langen Davy und dem Dicken Jemmy, dem buckligen Humply-Bill und dem stocksteifen Gunstick-Uncle. Auch der bucklige Juggle-Fred gehört hierher und Sans-ear, der seine Ohren allerdings ebenso durch Feindeinwirkung eingebüßt hat wie Sam Hawkens seine Kopfhaut. Auffallend viele aus dieser Reihe kleiden sich auch in einer Art, die ins Auge sticht. Das beginnt schon mit den beiden groß- und graukarierten Lindsay und Pfotenhauer, findet seine Fortsetzung in den Gewändern von Sam Hawkens und Tante Droll und kulminiert in einer ganzen Reihe von Kleidungsstücken, bei denen man sich fragt, wie sie ihren Weg in die betreffende Gegend des Westens und gelegentlich auch des Orients sowie zu der speziellen Person gefunden haben mögen. Gegen Uniformteile von Engländern, Spaniern und Franzosen ist da nichts einzuwenden, aber alles, was darüber hinausgeht, wie z. B. jeder mehr oder weniger ramponierte Zylinderhut, an dem beispielsweise die Krempe schon vollständig fehlt, sollte doch mit einem gewissen Grad an Skepsis betrachtet werden.

Alles in allem gesehen gehört „Die Sklavenkarawane" jedoch mit zum Besten, was er je verfasst hat. Das sind nahezu normale Menschen, denen wir hier begegnen, keine Halbgötter in Leder oder Burnus mit dem permanent ausgelebten Drang, andere zu bevormunden.

„Ein Ehrenwort"

und ein paar andere Peinlichkeiten im Gesamtwerk Karl Mays

Wenn der Verfasser dieses Aufsatzes in seinen Bücherschrank schaut, sieht er unter und neben anderem eine breite Front der bekannten grünen Bände des KMV, nimmt er den einen oder anderen davon aus einem bestimmten Abschnitt dieses Bücherschranks heraus, dann erkennt er in der zweiten Reihe ebenfalls Werke Karl Mays, wenn auch aus diversen anderen Verlagshäusern, seit einiger Zeit auch Taschenbücher mit schwarzen Rücken. Warum das? Was ist der Grund für diese Vielfalt? Nun, häufig offenbart der Vergleich desselben Romans in Ausgaben verschiedener Verlage kleinere oder sogar größere Unterschiede in der Textgestalt, die es oft durchaus wert sind, beachtet zu werden.

Warum bieten uns beispielsweise die besagten grünen Bände in „Winnetou I" neben Marcy und Riggs denn Belling als den Namen des dritten Surveyors an, wenn in der Historisch Kritischen Ausgabe (HKA) und anderen der Urgestalt näher stehenden Fassungen Wheeler zu lesen ist? Heißt der Schreiber, der durch die feige Hinterhältigkeit dieses Kurpfuschers Jefferson Hartley sein Leben verliert, nun Keller oder Haller? Warum trägt die „Tante" eigentlich nur in den grünen Bänden des KMV den Familiennamen Droll, in HKA jedoch Pampel – benutzt die Bezeichnung „Tante Droll" also nur als Jäger-Pseudonym und/oder Kriegsnamen? Verbirgt sich hinter „Sans-Ear" nun ein bürgerlicher Sam Hawerfield oder ein Mark Jorrocks? Ganz gehässig gefragt: Wollte man die lieben Kleinen (nach der abwegigen, ja geradezu grotesken Gleichsetzung Karl-May-Lektüre = Kinderlektüre[31]) nicht dadurch verwirren, dass außer Hawkens noch ein

---

[31] Karl May gilt als Jugendbuchautor, aber Kindheit und Jugend sind ja nicht identisch, Kind ist man, grob gerechnet bis zum 14., Jugendlicher vom 12. bis zum 25. Lebensjahr.

Mensch da ist, der Sam heißt? - Welch grundlegende Metamorphosen mögen allein den fünf Münchmeyer-Romanen widerfahren sein, so dass nur zwei ihrer originalen Gestalt nach noch einigermaßen zu erkennen sind, nämlich „Das Waldröschen" und „Die Liebe des Ulanen", wobei im letzteren durch redaktionellen Eingriff aus der handlungstragenden Familie Königsau eine Familie Greifenklau geworden ist?! Königs-Au oder König-Sau? Nein, Greifenklau ist doch vor-zuziehen, reizt nicht zu Spott und Hohn und Missinterpretation! Der Gedanke an jemanden, der Greifen, mithin Greifvögel oder gar den mythischen/mystischen Vogel Greif entwendet, also klaut, wie es umgangssprachlich ja auch heißt, wird doch wohl keinem in den Sinn kommen?! Keller oder Haller? Belling oder Wheeler? Egal! Unter keinem ihrer beiden Namen gewinnen diese Gestalten auch nur annähernd an Gesicht, Gestalt und Dimension. Sans-Ear ändert seine Art nicht, ob er nun als Mark Jorrocks oder als Sam Hawerfield unterschreibt. Aber warum dann die letzten Endes nur halbherzige Umgestaltung von „Deutsche Herzen, Deutsche Helden"? Witwe Klara hatte doch eh carte blanche erteilt – weshalb sollte man also nicht tun, wozu man Generalvollmacht hatte! Wieso dann andererseits Vorwürfe an die Verlegerfamilie und ihre Mitarbeiter, wie Franz Kandolf und Co., wo diese doch viel eher an die Witwe des Verstorbenen zu richten gewesen wären, die ihren Karl (wohl eher den Mann als den Schriftsteller) zwar besser als Emma, aber anscheinend doch auch nicht wirklich gut genug verstanden hatte. Sie mochte es freilich anders gemeint haben, aber dann hätte sie es auch rechtzeitig zum Ausdruck bringen, sich ein Beispiel an der anderen, durchsetzungskräftigeren Gralshüterin ihrer Zeit, Cosima, der Witwe Richard Wagners, nehmen müssen! – Der schier end(und vor allem anfangs-) lose Roman wird dadurch allerdings auch nicht besser, dass einige der Handlungsträger andere Namen – hier wird aus Sam Barth nun der bekanntere Sam Hawkens (etwa, damit nicht noch ein Mensch

---

Warum also Rücksicht nehmen auf die Psyche von Heranwachsenden, die dem zu berücksichtigenden Alter ja eh bereits entwachsen sind?

namens Sam kindliche Gemüter in Wallung bringen könnte?) – aufgepfropft bekamen, ohne sie dadurch zu veredeln oder auch nur zu verändern. Der einfühlsame Leser merkt doch sofort, dass da etwas nicht stimmt. Trotz Franz Kandolfs Geschick – gerade er wird vom KMV als der Mitarbeiter gepriesen, der sich am besten in Karl Mays Diktion und Gedankenwelt einfühlen konnte und dessen Bearbeitungen deshalb als kongenial galten -, sei hier dennoch angemerkt, dass den Verfasser dieser Arbeit durchaus ein Gefühl von Befremdung beschlich, als er, noch nichts von anderen Textgestalten ahnend und kindlich naiv, erstmals die KMV-Version (grüne Bde 60-63) von „Deutsche Herzen, deutsche Helden" (DHDH) las, sowie die Kandolf-Texte „Joe Burkers, das Einaug" und „In Mekka", um nur diese zu nennen. All das wurde von ihm nicht als genuiner „Karl May" empfunden, auch wenn es im grünen Einband daherkam und er gar nicht genau den Finger darauf zu legen vermochte, was ihn störte - um wie viel mehr merkt dann der Experte den falschen Ton, spürt, dass hier etwas nicht originalgetreu ist. Es stört ihn das für diesen Autor so untypisch gruselig-grausame Ende des Erzschurken Florin, der durch die scharfen Zähne von Ratten sein Leben verliert (eine Variante der früher im Roman einmal geäußerten Anregung, einen Menschen durch Termiten/Ameisen bei lebendigem Leib auffressen zu lassen?) und auch der vollkommen frei hinzugesponnene Schluss, wo May an seinem Schreibtisch urplötzlich dem Kleeblatt gegenüber sitzt. In Umkehrung eines Reklameslogans vergangener Tage könnte man hier durchaus sagen: „Nicht überall, wo Old Firehand, Sam Hawkens und Kara Ben Nemsi draufsteht, stecken auch Old Firehand, Sam Hawkens und Kara Ben Nemsi wirklich drinnen". Gerade im letzteren Falle muss gesagt werden, dass Sam Hawkens eben niemals im Bärenfell steckt wie Sam Barth, sondern immer nur im bocksledernen Rock des Originals. Dennoch lässt sich auch dabei nicht alles über einen Kamm scheren, manche der Änderungen, wie z. B. bei Königsau, erscheinen durchaus sinnvoll, andere aber bewirken nichts, wenn sie inkonsequenterweise nicht weit genug gehen wie die Änderungen bei DHDH, während die Umgestaltungen im

Falle Hawerfield/Jorrocks, Keller/Haller, Belling/Wheeler so überflüssig sind wie der sprichwörtliche Kropf! Allenfalls ließe sich noch ins Feld führen, dass Jorrocks und Belling die einfachere Aussprache bieten auch für Leser, die (noch) keine Erfahrung im Umgang mit der englischen Sprache hatten. Ob der Ingenieur und der Farmer in „Der Schatz im Silbersee" nun als Brüder geboren oder nur verschwägert sind, beide Butler heißen oder der Ingenieur den Namen Patterson trägt, ändert nichts am Gehalt der Fabel. Ob nun Fred Engels Vater, Onkel oder Opa schon mal am Silbersee war, was soll's, und wen kümmert es denn letzten Endes? Welchen Einfluss hat es auf die Handlung, wenn überhaupt einen? Wichtiger als das sind andere Gelegenheiten, bei denen unser vorgeblich so toleranter, sprachgewandter, weltfahrender und welterfahrener „Lehrer seiner Leser" sich bewähren konnte. Oder, besser gesagt, wo in seiner Nachfolge die Kandolfs dieser Welt als Lektoren der zweiten Generation sich im positiven Sinne durchaus bewährt haben!

Ein für einen auch nur oberflächlichen Kenner der englischen Sprache wahrlich erschreckendes Beispiel für mangelnde Beherrschung dieses Idioms sei hier aus der Geschichte „Ein Phi-Phob" zitiert. In der Original-Fassung, also der Historisch-Kritischen Ausgabe, steht da klar und deutlich zu lesen: „Yes, yes!" nickte Mister Shower vergnügt. „This executorship is an extra ordinary delightful! "... „Yes! ", lachte Mister Phelps. ... „A very famous pleasure!" Der KMV machte aus dem Textteil sprachlich korrekt: „This execution is an extraordinary delight!" Daneben wäre auch die Formulierung „This execution is extraordinarily delightful!" noch möglich gewesen.

Das executorship im Originaltext umfasst den Zuständigkeitsbereich eines Notars, nicht notwendigerweise also ausschließlich etwa denjenigen des Nach- oder Scharfrichters (executioner), ganz so, wie es hier eben auch gemeint ist, extra und ordinary müssen zu extraordinary zusammengezogen werden, wohin gehend es bei der Bearbeitung durch den KMV ja auch verbessert wurde, so dass es wieder

„außergewöhnlich" bedeuten darf, und delightful (erfreulich) ist ein Adjektiv, das hier aber wie ein Substantiv gebraucht wird, was im Englischen ebenso wie im Deutschen keinerlei Sinn ergibt. Das Wort execution sollte uns ebenfalls nicht übermäßig schrecken, es steht auch als deutsche „Exekution" ganz allgemein für die Aus- bzw. Durchführung, also Vollstreckung eines Urteils, somit beileibe nicht nur für die Todesstrafe, auch wenn man eben exekutiert wird, sobald sich der Kopf durch gewaltsame Fremdeinwirkung vom Hals verabschiedet oder eine Kugel das Herz durchbohrt. Bei der Antwort scheint Mister Phelps zudem das britische famous, was berühmt bedeutet, mit dem deutschen famos zu verwechseln. Unter Sprachwissenschaftlern kennt man das zugrundeliegende Phänomen unter dem englischen Ausdruck „false friends", zu deutsch „falsche Freunde", also Begriffe, deren ähnliche Optik zur Fehlinterpretation und in der Folge zu einer ebenso fehlerhaften Übersetzung verleiten. Für den mit der englischen Sprache Vertrauten ist es schon alarmierend, in dem doch recht kurzen Dialog gleich mehrere so elementare Fehler entdecken zu müssen.

Wenn dies auch nur ein kurzes, mehr oder weniger willkürlich herausgezogenes Beispiel aus der gewaltigen Menge von Texten ist, die der Schnell- und Vielschreiber May uns hinterlassen hat, wirft es doch ein recht bezeichnendes und bedauerliches Licht auf die Diskrepanz zwischen angemaßter (weit über 1.000 Sprachen und Dialekte) und tatsächlicher Fremdsprachenkompetenz des Autors, wie er sie leider immer und immer wieder an den Tag legt.

In diese Ecke des fehlerhaften Fremdsprachengebrauchs gehört zudem, wenn auch als einfacherer Fall, der rote Cornel aus „Der Schatz im Silbersee" – gemeint ist hier offensichtlich die englische Aussprache des englisch/französischen Wortes für Oberst, also „colonel", das aber nie so wie dieser Namensteil des Schurken Brinkley geschrieben wird. Eher noch denkbar ist diese Schreibweise als eine Verkürzung der Vornamens Cornelius, wie es bei dem Vornamen des US-amerikanischen Schauspielers und Regisseurs ungarischer Herkunft Cornel Wilde geschah, dessen Vorname in seinem Geburtsland aber auch schon Kornel geschrieben worden war.

Dazu noch ein schneller, eher etwas kursorischer Blick auf eine Handvoll weiterer Wortbildungen aus dem fremdsprachigen Bereich, wobei auch die Idiome zweier unserer direkten westlichen Nachbarn kurz angesprochen seien:

Der Name Castlepool im Silbersee-Roman hat keinen üblen Klang, entspricht aber eben nur dem deutschen Wort Schlossteich. Lord Castlepool, also ein wie auch immer zu titulierender Herr von Schlossteich wäre jedoch auch innerhalb des deutschen Sprachraums nur allzu albern. Den deutschen Adelsnamen Adlerhorst (in „Deutsche Herzen, Deutsche Helden") ins englische Eagle-nest umzuwandeln ist zwar logisch gedacht und auch durchaus korrekt durchgeführt, aber dennoch verkehrt, da die Nester der großen Greifvögel im Englischen gemeinhin mit dem Wort eyrie bezeichnet werden. Wenn dieser Lord dann neben seinem Abbild am Bug seiner Jacht auch noch den Schriftzug „The Wood-Loafer" anbringen lässt, dann nennt er sich trotz der recht ähnlichen Optik (false friends!) eben nicht einen „Waldläufer" sondern eher noch einen „Waldfaulenzer" oder auch „-herumtreiber[32]". Nebenbei gesagt ist die verbesserte Fassung „the forestrunner" auch nicht gerade eine Formulierung, die das Herz des Kenners wirklich höher schlagen lässt, da es doch wohl nur einen Mann meinen kann, der im Wald herumläuft. Passender wäre hier allenfalls „The Woodsman" oder ein „Man of the Woods", bzw. „Plainsman", „Mountain Man" oder auch allumfassend ein „Frontiersman", wie der US-Bürger diese zumeist in Wildleder gehüllten Gestalten pauschal bezeichnet. - Zwar nicht aus dem Englischen,

---

[32] an anderer Stelle benutzt May das Wort Loafer auch anstatt Tramp, aber eigentlich entspricht das Verb to loaf doch dem deutschen herumlungern, was ja ebenfalls einen negativen Beigeschmack in sich birgt.

aber ebenso albern wie Castlepool ist in „Der Blaurote Methusalem"
der Name des niederländischen Herrn Willem van Aardappelenbosch, unschwer als der deutsche Erdäpfel[33]- (also Kartoffel-)busch
zu erkennen. – Inwieweit die Namen einiger Adelsfamilien in „Die
Liebe des Ulanen" wie z.B. des deutschen „von Untersberg" mit einem britischen „Deephill" bzw. einem französischen „de Bas-
Montagne" korrespondieren würden, scheint zumindest fraglich –
„Underhill" wäre wohl eher eine entsprechende Fassung im angelsächsischen Umfeld wie „de Sous-Montagne" eine im französischen
– bas und deep bedeuten tief, aber nicht unter wie eben sous und un-
der. Ob nun ein Familienname aus dem bürgerlichen oder auch dem
adeligen Lager überhaupt übersetzt oder doch nur angeglichen wird,
entscheidet letztendlich stets der Einzelfall/der Namensträger, wobei
zumindest die Engländer und Franzosen dazu neigen, nur die Aussprache mundgerecht zu formulieren. Den Deutschen Johan August
Suter kennt man in den USA als John Augustus Sutter, Levi Strauss
hat seinen (Vor-)Namen ebenso behalten (und ja sogar zum Marken-
zeichen gemacht) wie Heinz/Henry Kissinger den seiner Familie.
Roosevelt (der Namensteil ‚Roose' in den USA wie ‚Rose'/‚die Rose' ausgesprochen) mag ursprünglich ein niederländischer/deutscher
Rosenfeld gewesen sein, Eisenhower wohl ein deutscher Eisenhauer,
aber Carl Schurz blieb Mister Schurz, wurde nicht zu apron (dt.
Schürze), wenn er ursprünglich vielleicht auch als Karl unterschrie-
ben haben mag. Als Queen Victoria den deutschen Prinzen Albert
von Sachsen-Coburg-Gotha heiratete, wurde der erste Teil seines
Geschlechternamens britischem Brauch entsprechend jetzt eben Saxe
geschrieben, der Rest des Namens aber blieb unangetastet. – Angesichts des nahezu einmaligen Potentials gerade der englischen Sprache, die Übernahme von Begriffen aus aller Herren Länder ange-

---

[33] was landschaftlichem, hauptsächlich süddeutsch/österreichischem Sprachgebrauch entspricht und eine wörtliche Übersetzung des französischen „pomme de terre" darstellt, während England und Spanien als die wichtigsten Entdeckernationen auf amerikanischem Boden sich an den Namen hielten, unter dem die Frucht bei den Eingeborenen bekannt war,
nämlich potato, im spanischen und italienischen Bereich auch patata.

hend, ist die allgemeine Bereitschaft, fremdländische Namen zu übersetzen, eher gering einzuschätzen, was im Einzelfall wieder anders aussehen mag, vor allem, wenn vom Träger selbst eine Anglisierung angestrebt wird. Die deutsche Schauspielerin Hildegard Knef wurde für ihre Broadway-Auftritte zu Hildegarde Neff, der Name von Marlene Dietrich dagegen blieb unverändert, auch wenn er sich für die Amerikaner als eine Art Zungenbrecher erwies. Der Name Hunter (wie in der „Satan-und-Ischariot"-Trilogie) andererseits geht im angelsächsischen Bereich nun mal leichter von der Zunge als Jäger, ein Name, von dem sich jedoch „Yeager" ableitet, wie bei Charles „Chuck" Yeager, dem US-Test-Piloten, der als Erster die Schallmauer durchbrach.

Der Übertitel für die ersten sechs Bände des KMV enthält den Herrschertitel Padischah, eine Bezeichnung, die zwar aus dem Persischen kommt, aber ganz allgemein für einen hohen islamischen Fürsten jener Zeit steht, die arabische und/oder türkische Variante wäre Sultan. Lediglich „Schah-in-Schah", kurz auch „Schah", bezeichnet präzise einen bestimmten Herrscher, nämlich den auf dem Pfauenthron des persischen Reiches zu findenden. Daneben hat das Wort auch weltweite Bekanntheit errungen als das des sog. königlichen Spiels Schach, was seinerseits ja auch nur eine Aussprachevariante des Wortes darstellt.

Man mag sich vielleicht auch fragen, warum die Tochter eines indischen Fürsten und einer deutschen Adeligen (in DHDH) nie mit ihrem indischen oder eventuell auch deutschen, sondern immer nur mit der türkischen (Gökala) oder auch der arabischen (Semawa) Variante ihres (Kose-) Namens angeredet wird. Hatte Karl May am Ende gerade kein Wörter- oder Vornamensbuch des Indischen zur Hand? - Neben dem eingangs bereits monierten colonel haben wir noch das im Englischen identisch ausgesprochene Wort kernel, ein Begriff, der schon von seiner Schreibweise her auf die deutsche Bedeutung Kern hinweist, also kein false friend ist. Um nun zum Kern der Sache, also auf den Punkt oder auch, mit Goethes Faust „ zu des Pudels Kern" zu kommen, bleibt insgesamt nur zu vermerken:

Peinlich, peinlich!

Peinlich ist in der oben angesprochenen Erzählung aber nicht nur der Gebrauch des Englischen, der bei fast allen Einsätzen durch Karl May nahezu jeder Regel zuwiderläuft[34] – blamabel für den nach eigener Darstellung doch so polyglotten Autor, hätte man da nicht von redaktioneller Seite her fürsorglich korrigierend eingegriffen! -, sondern peinlich auch die Haltung, die den Hintergrund der Äußerung bildet. Da steht auf der einen Seite ein Chinese, ein kleiner, korrupter Beamter, der sich, wie gerade solche Beamte so oft bei Karl May, übermäßig aufbläht, mit einer Vielzahl von Waffen rasselt, weil – oder obwohl? – er ein Feigling ist, sich im Übrigen aber den Europäern gegenüber in jeder Beziehung als bestenfalls zweitrangig und hoffnungslos unterlegen erweist. Wenn Karl May diese Maulhelden nicht zuletzt dadurch charakterisiert, dass er sie mit einer Übermenge Waffen ausstattet, übersieht er dabei nicht ein wenig, dass sein eigenes fiktives „Ich" auch stets eine ganze Menge solcher Gerätschaften mit sich herumschleppt, zwei Gewehre, mindestens (wenn wir denn die 1896 entstandenen Kostümfotos zum Maßstab nehmen dürfen) zwei Pistolen und/oder Revolver, in den Satteltaschen zudem allem Anschein nach auch mehrere Exemplare des Bowie-Messers (wie könnte er die jeweils verloren gegangenen sonst so schnell wieder ersetzen? Gerade auf orientalischen Basaren wird er wohl keine finden - nur Bibeln führt er zumindest im Orient in noch größerer Anzahl im Reisegepäck mit sich!), wozu sich unterwegs dann immer noch die eine oder andere fremdländische Waffe (hier ein Tomahawk, dort ein Tschakan) gesellen mag. Bemerkenswert daneben

---

[34] was natürlich Rückschlüsse auf seinen Umgang auch mit anderen Fremdsprachen zulässt, bzw. seine diesbezüglichen Kenntnisse, die wohl kaum dem entsprachen, womit er gern prahlte.

auch die Haltung Vertretern anderer Ethnien gegenüber! Die klügsten Köpfe der Welt findet man unter den Europäischstämmigen, wo immer das auch sein mag, die Krone der Schöpfung stellt selbstverständlich der Deutsche dar, die Perle in dieser Krone jedoch ist stets der Sachse, auf welchem Erdteil und in wessen Gestalt auch immer.

Generell findet man bei Karl May ja nur drei Positionen: Entweder ist man Europäer, speziell Deutscher, und somit, vorausgesetzt dass auch die innere Einstellung im Einklang mit einem etwas diffuschristlichen Wertekanon steht, den Vertretern aller anderen Nationen körperlich, geistig und moralisch weit überlegen - allenfalls Vertreter der britischen Oberschicht (all die Lords, Dukes und Earls) vermögen so eben noch mitzuhalten -, oder man gehört einem Volk an, das sich erst auf dem Weg zur Kulturnation befindet, schlimmstenfalls aber ist man Angehöriger einer Nation, die als Kulturträger ihren Zenit längst überschritten hat, also bereits von einer Degenerationsstufe der nächstniedrigeren entgegentaumelt. Letztere Position gesteht er den Chinesen zu, die vorher genannte den Vertretern aller in den Erzählungen aufgesuchten Naturvölker – selbst Winnetou gerät ihm so unter der Hand unversehens zum kleinen (Bluts-) Bruder, denn wie anders als mit naturgegebener - und damit ebenfalls gottgewollter geistiger und körperlicher Überlegenheit - ließe es sich erklären, dass Charley trotz vorbereitender Fingerübungen durch Sam Hawkens doch in recht kurzer Zeit (insgesamt nur wenige Wochen) den gleichen Westmannsstandard erringt wie der in die Verhältnisse hineingeborene und von Kindheit an in allen relevanten Praktiken geübte Häuptlingssohn! –

Peinlich aber eben auch die Haltung der beiden Engländer im oben angesprochenen Text – na ja, Europäer zwar, aber doch keine Deutschen, Angelsachsen zwar, aber eben auch keine Sachsen -, die dem überführten Übeltäter gegenüberstehen und sich als Angehörige einer Kulturnation und Mitglieder von deren Führungsschicht (wenn auch nicht Oberschicht), zumindest was die Kolonien angeht, zwar gerade nicht soweit vergessen, die Prügelstrafe plus Zwangsfütterung an dem verurteilten Chinesen selbst zu vollziehen, aber die ganze widerwärtige Prozedur doch anordnen, gestatten und das dann auch noch als delightful, also erfreulich empfinden und sogar lauthals so bezeichnen.

Aber ist die Haltung unseres Superhelden und Paradedeutschen, Edelmenschen und Überchristen mit der ebenso humanen wie humanitären Grundeinstellung denn so viel besser? Er ist es doch, der in „Der schwarze Mustang" zur Erheiterung aller mit ein paar wohl-/übelgezielten Faustschlägen die „Chinesenlawine" auslöst, wobei es ihn überhaupt nicht berührt, ob die ihm so hoffnungslos unterlegenen Gegner bei dieser Aktion den Hals oder zumindest ein paar Knochen brechen. Winnetou unterstützt ihn tatkräftig und mit großer Begeisterung, aber freilich: „Winnetou ist ein Christ", wie er seinem weißen Bruder viel später dann als letztes Bekenntnis ins Ohr flüstern wird. Zudem haben wir es hier ja auch mit einer expressis verbis für die Jugend konzipierten Erzählung zu tun, und da darf es dann schon etwas deftiger und auch lustiger ausfallen, wie es der immer gern zupackenden und ihre Muskeln spielen lassenden speziell männlichen Jugend entspricht! – Stößt Karl May da nicht doch in ein Horn, das er sich später von Kürschner so nicht noch einmal an die Lippen pressen lassen wollte?

Ebenfalls für die Zielgruppe Jugend geschrieben und die späteren Absichten Kürschners damals allem Anschein nach früh schon stützend ist der Roman „Kong-Kheou, das Ehrenwort" – von dessen zweiter Titelhälfte dieser Aufsatz sich die Überschrift lieh und auf den hier nicht nur deshalb etwas näher eingegangen werden soll. 1888/9 wird dieser Roman in der Jugendzeitschrift „Der Gute Kamerad" des Stuttgarter Spemann-Verlages veröffentlicht, der in der späteren Buchform dann den Titel „Der blaurote Methusalem" erhält. Darin schickt Karl May den ewigen Studenten Friedrich Degenfeld, dessen Faktotum Gottfried Ziegenkopf (auch Gottfried von Bouillon genannt), den abenteuerlustigen Handelsschiffseigner und -kapitän Heimdall Turnerstick und Richard Stein, einen sechzehnjährigen Gymnasiasten, ins „Reich der Mitte", um dort den Onkel Richards aufzuspüren, von dem man nur weiß, dass er sich irgendwo in dem großen Land aufhält und auch die Familie des Teehändlers Ye-Kin-Li zu finden, von der nicht einmal bekannt ist, ob sie überhaupt noch existiert. Ein schier aussichtsloses Unterfangen! Zwar hätte man zumindest für die Suche nach dem Onkel die Hilfe der Behörden in Anspruch nehmen können – dieser Möglichkeit aber steht wiederum des Autors privates Misstrauen allen staatlichen Institutionen gegenüber im Weg, mit denen er in der Vergangenheit ja schlechte Erfahrungen gemacht hatte, ein Misstrauen, das er, sicher unbewusst, auch auf seine Romanfiguren überträgt. Dass diese Erfahrungen nicht von ungefähr kamen, sondern von seiner Seite durchaus verschuldet waren – was kümmerte das seine Erinnerungen und Empfindungen schon?! Bald schon nach der Ankunft in China wird die Gruppe verstärkt durch den oben bereits erwähnten Herrn van Aardappelenbosch[35], der von Java her kommend sich in China niederzulassen gedenkt – eine Begegnung, die sich am Ende der Erzählung als wahrer Glücksfall erweist, weil er Daniel Stein all seine Besitzungen abkauft, so dass dieser nach Europa zurückkehren kann. Reichlich von Glücksfällen und allzu zufälligen Zufälligkeiten geprägt ist überhaupt die ganze Expedition, denn letztlich ist es nicht das Geschick des ewigen Studenten, die ihn die so selbstherrlich übernommene Mission, zu der ihn über seine Chinesisch-Kenntnisse hinaus ja nichts befähigt, zu einem guten Ende bringen lassen, sondern eine Reihe teils unerhörter Zufälle, die ihm von Zeit zu Zeit weiterhelfen. Dennoch ist es fast mehr als verwunderlich, dass es ihm und seinen Mitstreitern gelingt, diesen Auftrag wirklich auszuführen, ohne dem

---

[35] Sind die zwei über Kreuz auf dem Rücken getragenen Gewehre nun eine bewusste komische Spiegelung Old Shatterhand/Kara Ben Nemsis oder spielt da eher unbewusst schon der Tartarin de Tarascon aus dem gleichnamigen Roman des Franzosen Alphonse Daudet herein, der sich identisch equipiert zeigt, aber eindeutig auch eine komische, ja lächerliche Gestalt ist?

Volkszorn gerechtermaßen zum Opfer zu fallen, da zumindest einige der Expeditionsteilnehmer gelegentlich ein ausgesprochen dummdreistes, Land und Leute verachtendes Verhalten an den Tag legen. Mag auch der Methusalem hier antreten als Vertreter abendländischer Gelehrsamkeit und Gesittung, Turnerstick als weltfahrender und -erfahrener Globetrotter, letztlich bleibt es doch Provinzposse, wenn sie in ihrer hochnäsigen Arroganz, ihrem europäischen Hochmut glauben, diese dummen Chinesen, die heidnische Götzenbilder anbeten[36], so ohne weiteres übertölpeln zu können. Man könnte auch sagen: Sie verhalten sich ganz so wie der durchschnittliche Pauschaltourist unserer Tage, nämlich bei allem tatsächlichen und nur mühsam kaschierten Desinteresse besserwisserisch und aufdringlich, dazu noch intolerant und anmaßend. Mit einem Wort: Sie sind eine Pest und man würde ihnen dieselbe am liebsten auch an den Hals wünschen, wenn sie denn nicht eine edle Mission ausführen müssten. Oft genug scheint das zugrundeliegende Motto zu lauten: Nur ja kein Fettnäpfchen übersehen, in das man hineintappen könnte! - Auch hier wieder eine Ansammlung von Peinlichkeiten, angesichts derer doch Bedenken geäußert werden dürfen, ob das wirklich ein für eine Verfilmung geeigneter Stoff gewesen wäre. Der für diese für die Mitte der 60-er Jahre gedachte Produktion angedachte/eingeplante O. W. Fischer (1915 - 2004) scheint außerdem auch wohl schon zu alt für so einen Jugendfilm im Allgemeinen und die ihm zugedachte (Titel-) Rolle im Besonderen gewesen zu sein. Ein alter oder gar ewiger Student ist ja nicht unbedingt ein Mann, der die Fünfzig schon erreicht oder bereits überschritten hat! Nur allzu nachvollziehbar bekundete er frühzeitig bereits sein generelles Desinteresse an dieser Rolle. - Eines der Hauptmotive für eine eventuelle Verfilmung des Romans scheint sowieso die Tatsache gewesen zu sein, dass von den internationalen Großproduktionen „Dschinghis Khan" und „Im Reiche des

---

[36] Wenn man sich rein an Äußerlichkeiten orientiert, könnte man den gleichen Vorwurf auch den Anhängern nicht nur der monotheistischen Religionen machen, die vor Heiligenbildern oder verehrten Schreinen ihre Gebete sprechen.

Kublai Khan" auf dem Gelände der Avala-Film in Belgrad eine dem Vernehmen nach imposante chinesische Stadt noch stehen geblieben war. Schließlich häuften sich die Probleme: O. W. Fischer sagte ab, dann doch wieder zu, Heinz Erhardt sagte unter anderem anscheinend der potentiellen Teilnahme Fischers wegen ab, eine Skriptfassung nach der anderen wurde erstellt und wieder abgelehnt, verschiedene Regisseure kontaktiert und wieder ausgetauscht, schließlich und endlich warf der Produzent dann selbst das Handtuch. Eine letzten Endes weise Entscheidung! In seinem „Karl-May-Filmbuch" schreibt Michael Petzel: „Was treibt einen erfahrenen Produzenten wie Artur Brauner dazu, auf dem Höhepunkt der Karl-May-Welle einen Filmstoff zu wählen, der nicht die geringsten Voraussetzungen mitbringt, die bisherigen Erfolgsrezepte anzuwenden? Karl Mays Blauroter Methusalem ist in erster Linie ein humoristischer Roman, sehr originell, aber wenig abenteuerlich . . .". Petzels Frage wird man zustimmen müssen, aber auch seiner Einschätzung des Romans? Man kann da, speziell des hier vorgeführten Humors wegen, der nur zu oft auch rein auf der für uns Deutsche leider so typischen Schadenfreude beruht, auch anderer Ansicht sein, wenn man auch neidlos (an)erkennen muss, dass May sich hier reich aus dem Schatz an Vorurteilen und Klischees bedient hat, die damals so alle in Umlauf gewesen sein mögen und zum Teil auch heute noch sind. Wahrlich tief hat er in die diesbezügliche Kiste gegriffen!

Denn wenn wir an Karl May im Allgemeinen auch seine Toleranz schätzen, so ist er eben doch und vor allem - wie ein jeder von uns auch - ein Kind seiner Zeit. Damals, im letzten Viertel des 19. Jahrhunderts, in dem er den Großteil seiner Werke verfasste und vor dessen geistigem Hintergrund ja auch spielen lässt, ist Europa noch der Nabel der Welt. Amerika, also die USA, übt sich in der Zurückhaltung der Monroe-Doktrin (benannt nach dem Präsidenten, der 1817 - 1825 die Geschicke der USA leitete), welche kurz zusammengefasst konstatiert, Amerika, also die USA, wolle sich nur um seine eigenen Angelegenheiten kümmern, der Rest der Welt möge sich doch ebenfalls nur um das sorgen, was ihn beträfe. - Australien ist in jeder Beziehung weit, weit weg, die meisten Gegenden Asiens und Afrikas gelten als reine Kolonisationsländer (frei interpretiert als Ausbeutungsgebiete für jeden und alle daran Interessierten, so weit sie sich gegen ihre Mitbewerber und die dort ansässigen Eingeborenen mit Waffengewalt durchzusetzen vermögen). Das Europa des 19. Jahrhunderts wird mit Ausnahme Frankreichs (1848 - 1852 und ab 1871) und der Schweiz regiert durch Monarchen von Gottes Gnaden [mit Ausnahme von Kaiser Napoleon III. (1852 - 1871), der seinen Thron durch eine gelenkte Volksabstimmung gewonnen hatte (oder doch auch von Gottes Gnaden, da Volkes Stimme = Gottes Stimme?)], und ein wenig von deren göttlicher Sendung strahlt auch von jedem ihrer Bürger/Untertanen aus, so er sich denn als Kulturgesandter seiner Nation fühlt und benimmt. Rudyard Kipling (1865 - 1936), ein britischer Autor („Das Dschungel-Buch", und andere höchst unterhaltsame Romane und kürzere Erzählungen), redet zu dieser Zeit von „the white mans burden/des weißen Mannes Last", wobei er, für ihn ganz selbstverständlich, ausschließlich an den britischen weißen Mann denkt, und meint damit wiederum ganz selbstverständlich, ernsthaft und ohne eine Spur durchaus angebrachter (Selbst-) Ironie die Verpflichtung, aller Welt Zivilisation, Bildung und Kultur zu vermitteln. Die erhabene Überheblichkeit der Helden Karl Mays erwächst somit nicht, oder zumindest nicht ausschließlich, der Großmannssucht der vor langer Zeit einmal gescheiterten Existenz, sondern liegt auch durchaus im allgemeinen Trend und Zeitgeist begründet. Einer Person anderer Hautfarbe gegenüber konnte der Europäer eben nur als gütiger Onkel bzw. gestrenger Oberlehrer auftreten, der hart, aber gerecht für Ordnung sorgen musste, Ordnung in äußeren Dingen, indem man zum Beispiel einem verfilzten Strafrecht zu etwas mehr wahrer Gerechtigkeit verhalf, Ordnung aber auch und vor allem in den Köpfen. Wenn also auf chinesischen Weltkarten der Zeit das Reich der Mitte 9/10 des verfügbaren Raumes für sich beansprucht − die Chinesen zeigten damit doch nur, dass sie sich ganz auf der Höhe des Zeitgeistes befanden und ebenso arrogant und selbstsicher aufzutreten verstanden wie die Angehörigen aller anderer Nationen, die ihre jeweilige Heimat ja ebenfalls als den Nabel der Welt betrachteten -, muss das schleunigst richtig gestellt werden, auf dass Europa auch auf den Karten und in den Atlanten erneut die ihm gebührende Position einnehme. Dennoch gelingt es Karl May mit der Zeit in seinen Helden, teils über die vorherrschenden Pauschalurteile seiner Zeit hinaus, diese bemitleidenswerten Kreaturen (Bewohner fremder Kontinente, Angehörige anderer Ethnien) zumindest zu Mitstreitern zu gewinnen. - Selbstverständlich ist es auch ein Kunstgriff des Schriftstellers, die allgemeine Masse der Bevölkerung, sei es einer Ortschaft oder eines Landes, als zurückgeblieben im Vergleich zu dem für sich selbst (hier in der Person des Ich-Helden) postulierten Standard zu schildern, auf dass das Licht des später zum Mitstreiter aus der Masse der so arg Benachteiligten erkorenen Individuums umso heller erstrahle. Daneben finden wir bei ihm auch all die Gegensatzpaare, die in der Literatur so üblich sind, wie Land und Stadt, hochgestellte Persönlichkeiten neben Vertretern des Mittelstandes gegenüber einfacheren Leuten. Dabei ist es bei May gar nicht selten, dass so ein Hochgeborener zwar Geburts-, aber nicht Herzensadel aufzuweisen hat, wobei letzterer natürlich jederzeit vorzuziehen ist. Gekrönten Häuptern - den von Gott erwählten! – gegenüber verhält May sich in Gestalt seiner Helden allerdings stets derart devot und kriecherisch, als schaue er in die Sonne. Wie gut sie doch sind, wie gütig und rein! Da bleibt gar kein Raum mehr für Fehler - sie haben keine und sie machen kaum jemals welche - ob es sich nun um Bayerns König Ludwig II. handelt, der dem armen Richard Wagner einfach helfen muss, der damals als Terrorist (wie man es heutzutage vielleicht zu recht nennen würde) und Bankrotteur (wie anders sollte man ihn angesichts seines Schuldenberges denn sonst bezeichnen?) vor der Polizei auf der Flucht ist, oder auch um Wilhelm I. von Preußen, der so wohltuend immer wieder in das Leben von Dr. Sternau und seinen Lieben eingreift. Dass speziell der Bayernkönig alles andere als die robuste, volksnahe Gestalt war, als die er hier gezeichnet ist, das steht freilich auf einem ganz anderen Blatt. Sogar der Alte

Dessauer ist trotz der geschilderten, historisch belegten, damals überall üblichen Kidnappermethoden zur Auffrischung seiner Regimenter eigentlich ein ganz netter Mensch. Ein echter Fürst eben - und so einer kann schon seiner erlauchten Natur nach ja gar kein schlechter Kerl sein! Bitte den Ausdruck „Kerl" zu entschuldigen, Euer fürstliche Gnaden!

Zu einigermaßen wahrer Objektivität und damit wirklicher Toleranz kann er sich erst im Alterswerk durchringen, nach einem ersten Besuch am Schauplatz einiger seiner Erzählungen. Einmal draußen aus Europa gelingt es ihm, den heimatlichen Mief und Muff zumindest teilweise etwas abzuschütteln, diejenigen seiner Gestalten, die er schon vorher großspurig seine Freunde nannte, in der Folge wirklich zu sich heraufzuheben (oder gar zu ihnen hinabzusteigen ohne sich dabei selbst zu erniedrigen?). Erhalten blieben freilich die Peinlichkeiten früherer Jahre, oberflächlich gesehen all die Schnitzer in der Verwendung fremder Sprachen, bei der Beschreibung fremder Kulturen, bei der Bewertung fremder Rassen, manifestiert und zementiert in der Arroganz des Bildungsbürgers und „Kulturträgers" aus dem alten Europa. Da stand er Kipling in nichts nach, wenn wir bei ihm auch das Bemühen erkennen können, diese Haltung, auf der der Brite seinerseits allezeit halsstarrig beharrte, zu überwinden.

Hätte er doch auf dem Niveau beginnen können, zu dem er sich nach der Orientreise aufgeschwungen hatte! Damit soll hier allerdings nicht dem schwer verständlichen, mystisch angehauchten Alterswerk das Wort geredet, sondern diese grundsätzlich selbstverständliche Toleranz angesprochen werden, die in früheren Jahren eigentlich nur oberflächlich vorhanden war, wie wir bei genauerer Betrachtung seiner Texte leider immer wieder erkennen müssen.

Der Indianer – Rudi Radlos?

„... und wenn Allzweck-Vic [tor Mature] sich mit der Kriegsbema-
lung und den Federn schmückte, hätte nur ein Experte in indianischen Angelegenheiten argwöhnen können, er sei nicht als Sioux
geboren. Dummerweise ist aber jeder Amerikaner über sechs Jahre
ein Experte in indianischen Angelegenheiten." (William K. Zinsser
im Zusammenhang mit dem Film „Chief Crazy Horse"/„Der Speer
der Rache" in „Seen any good movies lately?" , zitiert aus Joe Hembus, „Das Westernlexikon") – Textergänzung >[tor Mature]< aus
der Feder des Verfassers.

NB. Die Bezeichnung „Allzweck-Vic" für den Schauspieler Victor
Mature rührt daher, dass er über lange Zeit als der „Patent-Exote"
(auch Hembus) in Hollywoodfilmen galt. Wo immer man einen
Schauspieler mit fremdländischer Ausstrahlung und ebensolchem
Aussehen - oder was man dafür hielt - brauchte, griff man auf ihn
zurück. Dabei störte sein doch recht beschränktes mimisches Talent
– darin Tom Cruise und unserem Til Schweiger gleich -, von dem
man an den verschiedensten Stellen liest, die meisten Regisseure nur
wenig, die das dann als Stoizismus oder sonst wie weginterpretierten.

Nun wird wohl keiner behaupten wollen - immer vorausgesetzt, dass
wir Zinssers Formulierung wörtlich verstehen wollen -, amerikanische Sechsjährige seien allesamt Genies (auch wenn Eltern ihre Kinder weltumspannend gerne so sehen) und/oder vollspezialisierte Eth-
no- und Anthropologen (auch wenn sie selbst sich so gerieren). Somit erhebt sich die Frage, woher sie das im Zitat oben angesprochene
Wissen denn haben. Die Antwort darauf kann nur sein: aus den zahl-
reich vorhandenen TV- und Kino-Western (als Zinsser sein Werk
1958 veröffentlicht, kann von PCs, geschweige denn Internet noch
für eine sehr lange Zeit gar keine Rede sein – und die Lesefähigkeit
wird in dieser Jahrgangsstufe ebenfalls zum ersten Mal erst antrai-

niert), die jedermann mit einem authentischen Bild des Wilden Westens im Allgemeinen und des Indianers im Besonderen versorgen. Wer also zwei bis drei Dutzend oder auch zwei- bis dreihundert dieser Werke gesehen hat – was für US-amerikanische Kleinkinder kein Problem darstellen sollte, da „Uncle Telly" die Familie ja eh durch den ganzen Tag begleitet -, muss als Fachmann in Indianerfragen betrachtet werden. Er weiß dann jedenfalls, dass Indianer stets hoch zu Ross unterwegs sind, tollkühne Reiter, die mit ihren Tieren nahezu verwachsen zu sein scheinen wie die Zentauren der griechischen Sage, von denen sie aber (noch) gar nichts wissen. (US) - amerikanische Geschichte beginnt ja immer erst 1776, allenfalls 1492, was in den Augen vieler jedoch bereits Frühgeschichte, eine Art Prä-Paläolithikum also, darstellt. Das Pferd ist für den Indianer somit das Fortbewegungsmittel schlechthin. Aus gutem Grund hat der Amerikaner für die Heimatfilme seines Landes ja auch den Begriff „Horse-Opera"/„Pferde-Oper"[37] geprägt. – Für Kurzstrecken benutzt der Indianer im passenden Ambiente vielleicht schon einmal das Kanu, aber eigentlich ist das Wasser ja nicht so sehr sein Element wie der Pferderücken und die Prärie. – Eigentlich sonderbar, wo die Amerikaner sich doch gerade auf ihre Schwimmkünste so viel zu Gute tun. War es nicht Benjamin Franklin, der als Abgesandter in London sich durch seine diesbezüglichen Fertigkeiten den Spitznamen „Wasseramerikaner"/„Mr. Water American" verdiente? Auch bei Karl May wird viel und gern geschwommen, ob nun im Rio Pecos, um nicht nur das eigene Leben zu retten, oder im Nil oberhalb Abu Simbel, um eine Gefangene zu befreien, ganz egal, ob der Held es selbst tut oder ein anderer, wie der Lange Davy, der gegen den Roten Fisch gewinnen muss. Schon in der allerersten Erzählung ist von dem Ti-

---

[37] Die Bezeichnung ist leicht irreführend. Gesungen wird dort eher selten, auch wenn John Wayne in einem seiner ersten Auftritte als „singender Cowboy" eingesetzt wurde – ein Experiment, das nur einen Streifen lang anhielt, denn man wollte das Publikum ja unterhalten und allem Anschein nach nicht vergraulen. Mir jedenfalls ist nicht bewusst, dass ich Wayne je singend erlebt hätte.

94

telhelden von „In-nu-woh" als „best' Schwimm' in United States"
die Rede. Dennoch: die Prärie!

Prärie: das ist in der Hauptsache das Gebiet zwischen Mississippi und Rocky Mountains. Westlich der Rocky Mountains und östlich des Mississippi ist keine Prärie, kein Wilder Westen, also auch kein Indianer. Na ja, vielleicht einmal die gute alte Pocahontas mit ihrem John Rolfe oder die LEDERSTRUMPF-Erzählungen des J. F. Cooper! Auch Tecumseh ist da zu Hause. Aber darf man so was überhaupt noch bzw. schon Western nennen? Western, das ist in seiner klassischen Periode doch immer wieder John Wayne, mit Winchester und Colt, sogar wenn der Film noch vor 1850 spielt und die Dinger erst nach 1860 in Gebrauch kamen, ja überhaupt erst erfunden wurden. Entsprechend authentisch gestaltet sich dann auch das Indianerbild, das die lieben kleinen Genies da schon mit der TV-Muttermilch einsaugen!

Gerechterweise sei hier angemerkt, dass es keinen oder kaum einen Indianerfilm gibt, der in der Zeit vor 1492 angesiedelt ist – auch nicht Mel Gibsons „Apocalypto", wo am Schluss Neuankömmlinge europäischer Herkunft, der Form der eisernen Kopfbedeckungen nach wohl Spanier, die Idylle stören, die so idyllisch gar nicht ist, da diese ungebetenen Besucher vielmehr Zeugen einer erbarmungslosen Menschenjagd werden, die durch diesen erschreckend blechernen und bleichgesichtig/bärtigen Anblick allerdings ihr jähes Ende findet -, und nur wenige wenn überhaupt welche vor der Zeit, in der die den Spaniern entlaufenen Zossen[38] sich wie die Kaninchen vermehrten und durch ihre schiere Präsenz das Gesicht des Westens zu verändern begannen. In seinem lexikalischen Werk „Der Cowboy" schreibt H. J. Stammel unter dem Stichwort „Pferd": „Das Reittier des Cowboys ist aus jenen verwilderten maur.-arab. Vollrassepferden

---

[38] Diese Bezeichnung leitet sich her von der Pferdezuchtanstalt des preußischen Militärs, ähnlich Lipizza bei den Österreichern, wo wir dann die Lipizzaner-Pferde finden.

entstanden, die den span. Eroberern auf ihren Expeditionen durch den Westen Nordamerikas entliefen und sich in wenigen Jahrzehnten zu großen Herden vermehrten. Das Erscheinen dieser Pferde in den westl. und nordwestl. Steppen veränderte das Leben der seit Jahrhunderten sesshaft gewesenen Indianervölker schlagartig. Ackerbauern, Wald- und Seenbewohner wandelten sich zu Reitervölkern, die in Bewegung gerieten und allmählich nach dem wärmeren Süden wanderten. Allerdings hatten schon Jahrtausende vorher Pferdeherden den ganzen nordamerikanischen Kontinent bis weit nach Kanada hinein bevölkert, doch noch vor dem Einsetzen der Steinzeit verschwanden sie wieder. Wahrscheinlich haben die Indianer sie nicht als Reittier benutzt, sondern sie gejagt und ausgerottet." - Während der Eiszeit vor 40.000 bis 20.000 Jahren hatten die ersten Menschen (die Forscher vermuten nur eine kleine Gruppe von höchstens 50 Personen) über die Beringstraße, also von Westen her den Kontinent betreten. Mit „Steinzeit" meint Stammel hier wohl den letzten Abschnitt des Paläozoikums (der Altsteinzeit), der vor 30.000 Jahren einsetzte, oder auch das anschließende Mesozoikum (vor acht bis fünf Jahrtausenden). Während das Pferd vorher tatsächlich weltweit nur als jagdbares Wild betrachtet worden war, begann dann vor rund 5.000 Jahren in Europa und Asien die Domestizierung und systematische Zucht. - Durch dieses Geschenk des weißen Mannes also wurde das Leben aller Indianer von Grund auf umgewandelt, lange bevor noch einer von ihnen dem großzügigen Spender bzw. dessen Rechtsnachfolgern gegenübertrat. Dennoch erscheint es fraglich, ob wir uns den Westen generell als ein Gebiet vorstellen dürfen, in dem nur Berittene unterwegs waren, wie viele Filme es uns oft vorgaukeln wollen. Eine einfache Überlegung sagt uns doch, dass ein Mensch, der stets hoch zu Ross unterwegs sein will oder muss, wie es für den Cowboy innerhalb der klassischen Periode zutrifft, wo er sich eigentlich erst über sein Pferd definiert, mindestens ein weiteres haben muss, auf das er wechseln kann, wenn das erste müde geritten ist. Realistischerweise sollten wir dann wohl vier bis fünf Gäule in seinem Besitz oder zumindest zu seiner Verfügung annehmen, die er abwechselnd benutzen kann. Es liegt allerdings auch in der Natur der Sache, dass so ein Arbeitspferd wesentlich stärker beansprucht wird, als das durchschnittliche Reit- und Reisetier, das ja nur in den seltensten Fällen zu gestrecktem Galopp gezwungen wird. Es wäre wohl ein Ding der Unmöglichkeit gewesen, von welcher Stelle auch immer, ob staatlich oder privat, allein für den Wilden Westen so viele Pferde zur Verfügung zu stellen, dass jede Person dort sich rund um die Uhr beritten machen hätte können. Woher hätten denn dann auch die Postkutschen ihre Berechtigung genommen und andere zwei- und mehrrädrige Fahrzeuge, die über die Prärie gezogen wurden? Ein paar von den realistischeren, ehrlicheren Western zeigen uns doch aus der Zeit der Besiedelung überwiegend auch von Ochsen über die Prärie geschleppte Wagenzüge, begleitet von wenigen Reitern, aber reichlich Fußgängern, die das Tempo der Ochsenkarren ja relativ bequem mithalten konnten – auch die Lederstrumpf-Verfilmungen geizen letzten Endes mit dem Anblick von Pferden und - die Anmerkung sei gestattet - wozu gäbe es in der US-Army die Bezeichnung „Kavallerie"(von lateinisch „caballus/Gaul") also „berittene Truppe" für einen Teil der Mannschaft, wenn daneben nicht auch die „Infanterie", also die Fußtruppe, ihren Platz gehabt hätte. – Was nun aber für das Bleichgesicht gilt, muss auch auf die Rothaut zutreffen. Im Film „Cheyenne"/„Cheyenne Autumn"[39] bekommen wir es vorgeführt, doch scheint es dort mehr dazu gedacht, die Notlage der Indianer recht bildhaft vor Augen zu führen.

Vor der Ankunft der Spanier kannten die Indianer das Pferd in dieser Funktion also nicht, konnten es als solches gar nicht kennen, da ihre Vorläufer deren Vorläufer ja verspeist hatten. Erst diese Desperados, die sich hier als Conquistadores gerierten, vermittelten dem amerika-

---

[39] Der „autumn"/„Herbst" im originalen Filmtitel bezieht sich wohl nicht so sehr auf die Jahreszeit, in welcher die Filmhandlung tatsächlich einsetzt, sondern eher auf den beginnenden Untergang dieser stolzen Nation – auch benutzt der Amerikaner statt des britischen „autumn" im Jahreskreislauf fast ausschließlich das Wort „fall".

nischen Ureinwohner eine Vorstellung von diesen Tieren und ihren Einsatzmöglichkeiten, wenn man sie mehr als zum Fressen gern hatte. Im Gegensatz zu Europa und Asien beschränkten sich diese Völker, die immerhin im Ruf stehen, die verwegensten horse-soldiers der jüngsten Vergangenheit gewesen zu sein, aber ganz auf den Einsatz als Reittiere, die vielleicht ein Travois zogen, aber nie einen Karren irgendwelcher Art. In Eurasien hatte der Einsatz des Streitwagens bereits Tradition, lange bevor ein Krieger sich direkt von einem Pferd in die Schlacht tragen ließ. Auch das wurde allerdings schon lange praktiziert, bevor um die Mitte des 6. Jahrhunderts, im Jahre 552, unserer Zeitrechnung aus dem asiatischen Raum Steigbügel zu uns kamen, die in ihrer Urform um das Jahr 1000 v. Chr. in Indien erstmals auftauchten. Der schwer gewappnete Ritter des Mittelalters ist ohne dieses Hilfsmittel gar nicht denkbar. Nie hätte er sich sonst im Sattel halten oder auch nur den Pferderücken erklimmen können, auch wenn der von Natur aus noch niedriger war als heutzutage. - Nun kann man anführen, dass zur Verwendung von Streitwagen eine reguläre Kriegsführung gehört hätte und diese angesichts der hinterhältigen Art des Völkermordes, wie er in „Gottes eigenem Land" betrieben wurde, unpraktikabel gewesen wäre. Zumindest zur friedlichen Nutzung aber hätte man den Wagen dann doch einsetzen können! Aber ließ man dem Indianer denn eine Chance zu einem derartigen Einsatz, ihn also zu einem Leben als schollengebundener Ackerbauer zurückzukehren? Paradoxerweise hatte es gerade damit ein für alle Mal ein Ende, nachdem das Pferd erneut auf der amerikanischen Bildfläche erschienen war.

Kannte der Indianer etwa das Rad nicht, da er sich dessen nicht bediente? Oder müssen wir die Gründe ganz woanders suchen? Trotz aller Kompetenz, die wir bei Stammel generell finden, soll seine Feststellung, die Indianer hätten das Rad in vorkolumbischer Zeit nicht gekannt, hier doch in Frage gestellt werden. Zweifellos waren die Ureinwohner Amerikas im Durchschnitt weder intelligenter noch dümmer als diejenigen anderer Erdteile, und das Rad an sich gehört zu den ältesten Erfindungen/Entdeckungen des Menschen überhaupt. Wenn wir uns nun Erfindungen und Erkenntnisse sonstiger Naturvölker ansehen, stellen wir fest, dass diese stets vom Prinzip der praktischen Verwertbarkeit geprägt waren, so sie denn in den alltäglichen Gebrauch Eingang fanden. Die von den ersten europäischen Einwanderern Aborigines (lat.: ab origine = vom Ursprung an) genannten Ureinwohner Australiens entwickelten den Bumerang, denn in der heißen, nahezu baumlosen Steppe des Outback machte es Sinn, wenn diese Waffe aus wertvollem, weil seltenem Holz im Falle eines Fehlwurfes wieder zum Ausgangspunkt zurückkehrte und dem Besitzer so eine kräftezehrende Verfolgung in glühender Hitze ersparte. Für den Bewohner des Amazonasurwaldes war es sinnvoll, ein schnellwirkendes Pfeilgift zu haben, das die wertvolle Beute lähmte, bevor sie im Gestrüpp auf Nimmerwiedersehen verschwinden konnte, um dort am Ende anderen als Nahrungsmittel zu dienen. Sicher handelte es sich hier nicht um die Ergebnisse wissenschaftlicher Forschung, sondern um Zufallsentdeckungen. Wozu aber sollte bei einer ähnlich durchgeführten Kosten-/Nutzenabwägung der Indianer ein Gefährt entwickeln, wenn er erst kein Pferd hatte, es zu ziehen, und später dann, als das Pferd da war, er sich doch meist in wilder Flucht (und gelegentlich wohl auch höchster Panik) auf ungebahnten Pfaden in unwegsames Gelände zurückzuziehen gezwungen sah. Zwar war der Indianer nicht weniger tapfer als jeder andere auch, der sich seiner Haut wehrt und diese auch retten will, aber der weiße Mann war generell rücksichtsloser und rein seiner Überzahl wegen eben auch stärker.

Nun wurden und werden Karren ja nicht nur von Pferden gezogen – gerade die Erschließung des Westens durch die Angehörigen europäischer Völker zeigt uns auch und bevorzugt Ochsengespanne, wie oben schon angemerkt, welche die oft überschweren Fahrzeuge eher noch bewältigen konnten. Wenn nun die Indianer nicht gerade vom Pferderücken herab Krieg führten, was jagten sie dann, wenn nicht den weißen Mann (und die weiße Frau, wie man in Zeiten von

Emanzipation und Gleichberechtigung nicht zu erwähnen vergessen sollte)? Richtig, sie hetzten den Bison, ein Rindvieh (zoologisch, nicht geistig wertend) amerikanischer Provenienz. Nur ist „Rindvieh" leider nicht immer gleich „Rindvieh". Der nordamerikanische Büffelstier ließ und lässt sich nun einmal nicht zum gefügigen Ochsen machen (wenn auch die grundlegende Operation, die Durchtrennung der Samenstränge also, welche der Großteil der Cowboys laut Stammel meisterhaft beherrschte, die gleiche bliebe), der brav einen Karren zieht, weshalb er ja auch beinahe ausgerottet wurde im Gegensatz zu seinem europäischen Verwandten, der in Südamerika langsam die Natur auffrisst und mit seinen methanhaltigen Ausdünstungen fleißig mithilft, das Ozonloch weiter zu vergrößern und so das Weltklima zu versauen.

Aus afrikanischen und asiatischen Wüstengebieten ist uns der Einsatz von Kamelen oder Dromedaren als ausdauernd genügsamen Transporttieren bekannt. Tatsächlich gibt es in Südamerika eine höckerlose Kamelart, die als Lama oder Alpaka (die Wildform beider ist das Guanako) bekannt ist. Nun wird das Kamel (oder auch Dromedar) zwar als Reit- und Lasttier benutzt, zum Zugtier scheint es jedoch nicht zu taugen. Die amerikanische Variante ist zudem kleiner und kommt anscheinend nicht einmal als Reittier in Betracht. Außerdem gilt es als recht eigenwillig, um nicht zu sagen störrisch, ganz oder gar noch mehr so wie die afro-asiatische Verwandtschaft. Sicher unbewusst hat es sich damit vor der Zumutung bewahrt, vor irgendjemandes Karren gespannt zu werden. Afrikanische Kamele/Dromedare, die im 19. Jahrhundert in den USA von der Armee eingeführt wurden, bewährten sich dort nicht, so dass das Experiment recht schnell wieder abgebrochen wurde. -- Manchmal sieht man allerdings sogar bei uns Hunde, die das eine oder andere leichte Wägelchen ziehen. Aber das sind dann meist Tiere so groß wie die aus Film und Fernsehen bekannten Beethoven oder George, auch gutmütige Riesen wie Nana, das Kindermädchen aus „Peter Pan", Bernhardiner und ähnliche Rassen von beinahe Kalbsgröße. Der beste

Freund des indianischen Menschen während des Zeitraums vor der Einführung europäischer Rassen war im Idealfall wohl aber ein halbzahmer Wolfsabkömmling, als Wach- und Hütehund einsetzbar, die nordamerikanische Variante (der auch bei uns wohlbekannte Husky) als Schlittenhund zu gebrauchen, weil der Untergrund in den polaren Regionen glatt und die Bodenhaftung daher leicht zu überwinden ist, aber man stelle sich J. J. Dunbars Socke (aus dem Film „Der mit dem Wolf tanzt") als Gespannhund in der sommerlichen Prärie vor! Ein Ding der Unmöglichkeit!

Wenn wir also aus Gräberfunden wissen, dass das Rad durchaus bekannt war und auch im Zusammenhang mit Kinderspielzeug Verwendung fand, als Wagenrad konnte es beim besten Willen nicht eingesetzt werden, da es ganz einfach am geeigneten Zugtier mangelte und auch die Zeitumstände es nicht gestatteten. Die Verwendung des Rades als Töpferscheibe dagegen kann wohl als gesichert gelten, wenn sich auch in der dem Verfasser zugänglichen Literatur keine eindeutige Aussage zu diesem Thema finden ließ. Zeugnisse indianischer, auch vor-kolumbischer Töpferkunst jedoch lassen logische Rückschlüsse zu.

War es möglicherweise also diese gewaltige, ja fast gewaltsame Einschränkung in Bezug auf die Nutzung des Wildes unter dem Aspekt der Möglichkeit einer Zähmung, die den Indianer vor 1492 dazu veranlasste, mehr mit als von der Natur zu leben als wir ach so fortschrittlichen Europäer?

Kommt es daher, dass Amerika einige durchaus bedeutsame Beiträge zum Weltspeisezettel und -genussmittelangebot geliefert hat? Ein Buch zu nicht nur diesem Thema trägt ja den vielsagenden Titel „Kolumbus brachte nicht nur die Tomaten" (Hans Bankl, 2002). Daneben ist da auch der Mais (=Indian corn) zu nennen, als Kulturpflanze so alt, dass seine ursprüngliche Wildform nicht mehr zu eruieren ist, wie es heißt. Wenn 1969 in der TV-Satire „Christoph Kolumbus oder

Die Entdeckung Amerikas"[40] der Entdecker gezeigt wird, wie er Eingeborenen begegnet, die bereits dicke Zigarren von der Art rauchen, die unsere Zeit unter anderem auch als „Havanna" kennt, so fehlen eigentlich nur noch ein paar Jugendliche im Bild, die etwas so typisch Amerikanisches wie Pommes frites (im US-Gebrauch „french-fried potatoes" oder auch, dicker geschnitten und nicht ganz enthäutet „home-frieds") mit Ketchup zu sich nehmen. Die Grundstoffe, Kartoffeln und Tomaten, waren den Ureinwohnern ja bereits in einer ganzen Reihe von Varianten bestens bekannt. Auch der Truthahn, dessen mageres Fleisch seit einiger Zeit weltweit zu immer größeren Ehren gelangt, musste zuerst unter der Hand der Indianer seine Federn lassen, ohne es freilich je zum Mitausstatter des imposanten Kopfschmucks tapferer Krieger zu bringen. Dazu wirkte der Vogel wohl doch zu zahm und zu albern - insgesamt eben trotz seiner stolzen Größe bei weitem nicht beeindruckend genug!

Freilich hatten diese sympathischen Naturburschen, diese ebenso kompetenten wie tüchtigen Pflanzer und Gärtner neben Kartoffeln, Tomaten und Mais auch ein paar Exemplare der heimischen Flora entdeckt, deren Langzeitwirkung nicht ganz so harmlos ist. Die Tabakpflanze wurde bereits erwähnt, aber die aus ihr gewonnenen Produkte gehören ja zu den weltweit (gerade noch) akzeptierten Gebrauchsgiften. In Südamerika wuchs und wächst die Kokastaude, welche die Grundstoffe zu so schönen Sachen wie Kokain, aber auch zu Coca-Cola liefert, was ja angeblich die Magenwände zerfrisst, während Kokain nur die Nasenschleimhäute unwiederbringlich schädigt und den Konsumenten auf Dauer abhängig macht. Einige Agavenarten der Staked Plains (des Llano Estacado) bergen die Grundlagen sowohl zu einer Reihe von Destillationsprodukten als auch zu

---

[40] Den Kolumbus spielte Karl Michael Vogler neben Hannelore Elsner als halbnackter Karibikschönheit, Theo Lingen den spanischen König und Joseph Offenbach dessen Finanzminister Santangel, für Regie und Drehbuch zeichnete Helmut Käutner verantwortlich – die vier Herren hatten auf die eine oder andere Weise in Film, Fernsehen und Hörspiel alle einmal mit Karl May zu tun.

dem Rauschgift Mescal, dessen Name uns wohl nicht ganz zufällig an die lieben Mescalero-Apatschen Karl Mays erinnert. In diesem Zusammenhang darf allerdings nicht unerwähnt bleiben, dass die Indianer ihrer genetisch bedingten Alkoholunverträglichkeit wegen mit dieser Art von Rauschgiften, aber auch denen anderer Provenienz generell verantwortungsvoller umzugehen wussten und sie (im großen Rahmen gesehen) selten anders als zur Erzeugung religiös motivierter Entrückungszustände anwandten, bis der weiße Mann ihnen vorführte, dass ein Mann erst dann ein rechter, echter Kerl ist, wenn er sich bis zur Bewusstlosigkeit abgefüllt und zugedröhnt hat. Ein Hoch auf Fortschritt und vermeintliche Zivilisation!

~

Die in der Überschrift verwendete Formulierung Rudi Radlos wurde inspiriert durch den Titel von Udo Lindenbergs Lied „Rudi Ratlos", das zur Zeit der ersten Formulierung der hier niedergelegten Gedanken gerade (noch) ein Renner war.

Der Cowboy

(1865 bis 1884)

Wenn es sich auch nicht danach anhören mag, aber das, was wir als „Wilder Westen" bezeichnen, ist keine fest abgegrenzte Gegend westlich der als zivilisiert empfundenen Gebiete der USA, sondern vielmehr eine Zeitspanne in einem sich stetig ändernden Raum, grob gesagt die 30 Jahre zwischen 1865 und 1895. Es ist die Zeit des letzten heroischen Aufbäumens der Indianer, die seit dem 16. Jahrhundert den immer weiter vordringenden Weißen bewaffneten Widerstand entgegengesetzt hatten. 30 Jahre also, die zu den turbulentesten in der Binnengeschichte der USA gehören, die Zeit der brutalsten Auswüchse der Indianerkriege, aber auch die der „Wide Open Town", des Aufkommens der „Gun Men" und anderer zwielichtiger Gestalten, wo Gesetzeshüter rar waren und gelegentlich auch die Seiten wechselten, wie wir es von den Dalton-Brüdern Emmett, Bill, Frank, Bob und Grattan wissen und von dem fälschlicherweise so viel gepriesenen Wyatt Earp zumindest einigermaßen gesichert annehmen dürfen. 30 Jahre, die den Aufstieg und nach nur knapp zwanzigjährigem Wirken den Niedergang dieser archetypischen Figur des Westens wie des Westerns einschlossen: die des Cowboys, die für viele den Weste(r)n erst so richtig verkörpert.

Als nach 1945 erneut US-amerikanische Heimatfilme[41] in größerer Zahl wieder in deutsche Kinos schwappten, bezeichnete man sie in weiten Teilen der Bevölkerung als „Cowboyfilme", eine Namensgebung, in der auch eine gewisse Verachtung für das ganze Genre mitschwang. Das Wort „Western" bürgerte sich erst im Lauf der Jahre

---

[41] Welche in etwa dem gleichzusetzen sind, was aus dem Alpenraum unter diesem Sammelnamen bekannt ist – bezeichnenderweise wurden einige der in den 70-er, 80-er Jahren entstandenen Produktionen dieses Genres(„Jaider, der einsame Jäger" u. a.) in einem an die Italowestern gemahnenden Stil inszeniert.

langsam ein, spätestens als man im Zusammenhang mit dem Film „Der Schatz im Silbersee" anfing, von „Karl-May-Western" zu reden. Aber standen denn immer Cowboys im Mittelpunkt dieser Filme und wenn ja, was meinte das Wort überhaupt, was war so ein „Kuhjunge"? - War er eine romantische Figur wie die fiktiven Ritter des Artus-Romans, die zu Ehren ihrer Dame auf Abenteuer auszogen, oder, ganz profan, Hüter einer mehr oder weniger umfangreichen Herde Nutzvieh? Die Berufsbezeichnung taucht zuerst in Irland um die Wende vom ersten zum zweiten Jahrtausend christlicher Zeitrechnung auf, während des oben genannten Zeitraums war er dann ein auch nach den Begriffen seiner Zeit schlecht bezahlter Saisonarbeiter, der im Rahmen eines Viehtriebs einem lebensgefährlichen Vierundzwanzigstundenjob nachging, jedoch nach Beendigung des sog. Trails wieder der Arbeitslosigkeit ins Auge blicken musste, sofern er nicht der Stammmannschaft eines Viehzüchters angehörte – ein ungeliebter, aber leider halt gebrauchter Zeitgenosse, den man lieber gehen sah als kommen – ein Mann, dem so gar nichts Romantisches anhaftete. Sicher war er keiner, der auf Abenteuer ausging, wie der „knight errant" des Ritterromans, der auf die „Queste" zog, die Suche nach dem heiligen Gral, sondern einer, den das Abenteuer seines Berufes wegen heimsuchte. Auch wenn er selbst den damit verbundenen Fährnissen nicht bewusst nachjagte, wenn sie ihm dann doch einmal begegneten, dann konnte er sie auf Grund seiner rauen Lebensweise und der daraus resultierenden reichen Erfahrung besser bestehen als so mancher andere Zeitgenosse.

Zu seiner Ehrenrettung sei gesagt, dass der Cowboy der einzige US-Bürger war, der so gut wie nie dem so uramerikanischen Prinzip des Rassismus huldigte, das sich auch heute noch darin manifestiert, dass der Führungselite der USA angeblich nur angehören kann und auch darf, wer als WASP(White-Anglo-Saxon Protestant)[42] anerkannt ist.

---

[42] Das Hauptaugenmerk liegt dabei auf der Hautfarbe, an zweiter Stelle steht die Religionszugehörigkeit, dann erst, zuletzt also, die angelsächsische Abstammung, wobei diese in den

– Während eines Viehtriebs war es dem Cowboy vollkommen egal, ob der Mann an seiner Seite nun afrikanischer, ur-amerikanischer oder asiatischer Herkunft war. Was einzig zählte, war Zuverlässigkeit. Auch ein Mexikaner, sonst schon mal mit dem verächtlichen Slang-Wort „Greaser" (etwa „Schmalzlocke" oder auch „Schmutzfink"[43]) bedacht, war da durchaus willkommen. Wenn es dennoch zu Kämpfen zwischen Cowboys und Indianern kam, dann nur deshalb, weil von habgierigen Indianeragenten betrogene hungernde Eingeborene sich schon mal versuchsweise an die so verlockend unterbewachten wandelnden Beefsteaks heranmachten, was deren Hüter natürlich nicht dulden konnten, da ihr Verdienst direkt oder indirekt ja auch von der Menge brüllenden Rindviehs abhing, die sie am Ende des Trails am Verladebahnhof abliefern konnten. Darüber hinaus aber bestand keinerlei fundamentale Animosität zwischen beiden Gruppen. Generell gesehen war der Cowboy ein Mann der Freiheit, prinzipiell einer der wenigen im Land, der die in der Verfassung geforderte und versprochene Gleichheit auch praktizierte und lebte.

Ursprünglich galt das Wort laut Joe Hembus[44], H. J. Stammel[45] und Dee Brown[46] im Südwesten, also den US-Bundessstaaten Texas, New Mexico und Arizona, wie schon im alten Irland als Bezeichnung für Viehdiebe, Viehdiebe hier, die bei sich bietender Gelegenheit den Rio Grande überschritten, um in Mexiko mehr oder weniger herrenlose Rinder, sog. Mavericks, einzusammeln – ein Bild, das nicht zu Unrecht Bestand hatte bis zum Ende der Zeit, die man unter

---

Köpfen längst durch „europäischen Ursprungs" ersetzt wurde. So kommt es, dass Namen, die auf eine Herkunft aus nahezu allen Nationen der alten Welt verweisen, sich unter den nationalen Verantwortungsträgern finden. - Armer katholischer J.F.K., bedauernswerter schwarzer Barack Obama!

[43] Das grundgelegte Wort grease lässt beide Übersetzungsmöglichkeiten zu, da sie Schmierfett ebenso wie Pomade meint.

[44] Joe Hembus: Der Stoff, aus dem die Western sind.

[45] H.J. Stammel: Der Cowboy. Legende und Wirklichkeit

[46] Dee Brown: The American West u. a.

dem Sammelnamen „Wilder Westen" erfasst[47]. - Der oft ebenfalls mit Viehdieb übersetzte Begriff „Rustler" bezeichnet andererseits üblicherweise den Mann, der nur auf der US-Seite seiner Arbeit oder auch Leidenschaft nachging. Beides also professionelle Räuber! Gemeines Diebsgesindel als Publikumshelden und Idole nicht nur der Jugend? Leider sind die Gesetzesbrecher zumeist farbigere Gestalten als die Gesetzeshüter – somit für das Kino interessanter -, andererseits wissen wir auch nicht, was den Einzelnen dazu trieb, sich in dieser Profession zu versuchen, und außerdem bot sich ja dann nach 1865 für viele eine reelle Chance, den eigenen ebenso wie den Ruf der ganzen Cowboy-Gemeinschaft zumindest etwas aufzupolieren.

Was war der Grund dafür? Der Sezessionskrieg (1861 - 65) hatte viele entwurzelt, weil der Staat ihrer Kampfkraft bedurfte. Drei Tage nach der Beschießung von Fort Sumter am 12. April 1861, die den Bürgerkrieg auslöste, waren in den Nordstaaten am 15. April 75.000 Mann zu den Waffen gerufen worden, denen im Mai erst 42.000 Freiwillige, dann weitere 24.000 folgten, und im März 1863 wurde ein Konskriptionsgesetz erlassen, nach dem alle Männer zwischen 20 und 35 Jahren, unverheiratete bis 45 Jahren der Militärpflicht unterworfen waren. Ein Resultat davon war, dass so mancher landwirtschaftliche Betrieb verwaiste, weil die Männer dort nun fehlten, Ackerbau und Viehzucht in der Folge daniederlagen. Das wiederum hatte dann zum Ergebnis, dass der siegreiche Norden bei Kriegsende ebenfalls darbte, vor allem mangelte es an Fleisch. Die Rinderzüchter des Südwestens ihrerseits sahen sich ihrer übergroßen Herden wegen – der Bedarf an Frischfleisch war in den CSA (Confederate States of America) zwar da, dieser Staat jedoch zahlungsunfähig - von einem massiven Preisverfall bedroht. In dieser Situation waren nun die dortigen Übervorräte im Norden heiß begehrt, im indirekten wie im di-

---

[47] In den Filmen um und über Wyatt Earp werden die Clantons meist als eine Sippe derartiger Rinderdiebe hingestellt. Es sei allerdings dahingestellt, ob die Earps, wie generell dargestellt, moralisch wirklich so viel besser gestellt dastanden.

rekten Sinn bald in aller Munde. So war letztlich dann beiden Seiten geholfen. 1865 schon bricht eine erste Herde der Züchter Goodnight und Loving nach Norden auf, dieser Viehtrieb bleibt aber Episode[48]. 1867 führt der halbindianische Händler Jesse Chisholm dann auf einer von ihm erkundeten Route eine Rinderherde nach Kansas, die von dort mit der Eisenbahn nach Chicago verfrachtet wird, wo zu Weihnachten 1865 schon große Schlachthöfe ihre Pforten geöffnet hatten[49]. Dieser Viehtrieb weist Nachkommenden den Weg, genauer gesagt den später so benannten „Chisholm-Trail", der zur Hauptstraße des Viehtriebs wird. Joseph McCoy, ein Viehhändler aus Springfield, der Hauptstadt des Staates Illinois, in dem auch Chicago liegt, eröffnet dann gewissermaßen die Saison im Juni 1868 mit erstmals einer Herde von 20.000 Rindern, denen sehr bald weitere 50.000 folgen, 1869 sind es bereits 170.000, 1870 dann gar 300.000, die er zur Weiterverarbeitung aufkauft.

1884 aber ist der Boom schon wieder verebbt, die Viehzüchter des Nordens haben wieder Fuß gefasst – und der Cowboy ist auf sein altes miserables Image zurückgeworfen -, auch waren parallel zu dem „Cattle Drive" Eisenbahnschienen in den Süden vorangetrieben worden, bis die Rails die Trails[50] zu ersetzen vermochten. Bei dem Tempo, in dem die Geleise nach Süden vordrangen, fanden die sich stets weiter verkürzenden Trails ihr Ende in wechselnden „Rinderstädten". Diese um die jeweiligen Bahnhöfe gewachsenen Ansiedlungen erlebten oft nur eine Saison, waren aber auch Brutstätten für so zwielichtige Gestalten wie den in Film und TV weit jenseits jeder Berechtigung glorifizierten Wyatt Earp. Im Mittelpunkt hier stehen aber diejenigen, die das Vieh nach Norden trieben, gegen Indianer

---

[48] Hembus, Stammel und Brown widersprechen sich in den Einzelheiten da gelegentlich ein wenig
[49] Hembus
[50] „Trails" und „Rails" – der Gleichklang der englischen Begriffe war einfach zu verlockend, um ihm widerstehen zu können. „Cattle Drive" meint ausschließlich den Viehtrieb nach Norden.

und die Unbilden der Natur ankämpfend, aber auch gegen das eigene zeitgenössisch miserable Image, welches das frühere momentan nur etwas überlagert, was aber auch nur schwer gelingt, da der ansonsten auch nicht gerade zimperliche Bürger dieser Rinderstädte für gewöhnlich nicht den hart arbeitenden Halbnomaden zu sehen bekommt, sondern beinahe ausschließlich den Mann, der nach langer Schwerstarbeit unter ständiger Lebensgefahr am Zielort nur sich ausleben und die Freude genießen möchte, noch am Leben zu sein und der dabei oft auch über die Stränge schlägt.

Neben den in den Fußnoten angeführten Titeln kam hier auch das relativ schmale dtv-Bändchen „Geschichte der USA" zum Einsatz.

Mach's noch einmal, Hawkeye!

Ein kritischer Blick auf vier Verfilmungen von „Der letzte Mohikaner" aus der Feder von James Fenimore Cooper

D er Autor, dem Karl May neben seinen Landsleuten Friedrich Gerstäcker, Charles Sealsfield und Balduin Möllhausen, dem Iren Thomas Mayne Reid und dem Franzosen Gabriel Ferry am meisten verpflichtet ist, und der literarisch bedeutsamste dazu, ist Cooper. Mehr von ihm als vielleicht sogar von der Realität der Ereignisse um Tom Jeffords und Cochise beeinflusst ist sein Blutsbrüderpaar entstanden, und so ist es nur folgerichtig, wenn wir uns auch mit der filmischen Interpretation Coopers befassen, zumal sich bei der Betrachtung gelegentlich auch weitere Parallelen zu Karl May ergeben. Dabei bietet und bot gerade der Mohikaner sich zur Verfilmung an. Erste Bearbeitungen entstanden schon zu Stummfilmzeiten und auch Deutschland, das bis in die 30-er Jahre verdientermaßen einen exzellenten Ruf bezüglich seiner Filmkunst genoss, lieferte seinen Beitrag dazu. Der großen Zahl wegen war es dem Verfasser allerdings nicht möglich, mehr als vier davon anzusehen, die noch dazu alle erst nach 1945 entstanden sind, und auf deren Besprechung er sich im Folgenden dann auch beschränkt.

Auch wenn der Titel dieses Aufsatzes sich ganz auf den der den Geschichten innewohnenden Chronologie entsprechend zweiten Roman der Natty-Bumppo-Biographie bezieht, als die man die Lederstrumpf-Erzählungen in ihrer Gesamtheit auch verstehen könnte, sei hier als Erstes doch der Lederstrumpf-Film von 1956 mit Lex Barker in der Hauptrolle genannt. Unkas kommt hier noch gar nicht vor, ist doch Chingachgook, sein Vater, gerade einmal damit beschäftigt, seine von feindlichen Indianern entführte Braut, wohl Unkas' künftige Mutter, diesen wieder zu entreißen, doch ist es eine erste Gelegenheit, zumindest den weißen Helden der Geschichte kennen zu lernen in einer Version, die dem zugrunde liegenden Roman in hohem Maße gerecht wird. Daneben ist Barker sechs Jahre später dann ja fürs deutsche Kino auch Old Shatterhand, somit beinahe schon ein bindendes Glied zwischen beiden Romanwelten, zumindest was die Interpretation im Kino angeht. Der Streifen stellt ein ebenso erfreuliches wie zufrieden stellendes Seh-Erlebnis dar, das zudem in etwa auch schon den Stil vorausnimmt, in dem die Kleidung der Winnetou-Filmhelden der 60-er-Jahre sich dann zeigt. Wie bei allen besseren Romanadaptionen für die Leinwand muss man konstatieren, dass er über die notwendigen Kürzungen hinaus doch den Geist der Vorlage recht getreu wiedergibt.

Mitte der 60-er Jahre dann, somit auch inmitten des Booms der Karl-May-Filme, kam Harald Reinls „Der letzte Mohikaner" in die Kinos, zu dem Joe Hembus in seinem Western-Lexikon anmerkt: „Die Handlung von Coopers Roman ist von den fünfziger Jahren des 18. Jahrhunderts in die sechziger Jahre des 19. Jahrhunderts verlegt worden und der Schauplatz vom Osten des French and Indian War in einen spanischen Sand- und Felswesten, der vielleicht Arizona darstellen könnte. Die Irokesen und die Mohikaner passen da nicht ganz hin, aber diese Cooper-Verfilmung ist in Wirklichkeit ohnehin ein weiterer Karl-May-Film, und Falkenauge und Uncas, die Vorbilder von Shatterhand und Winnetou, sind ihre Nachfolger. Regisseur Harald Reinl hat seine ganze Winnetou-Mannschaft auf diesen Seitensprung mitgenommen, und wie seine Winnetou-Filme ist dies eine liebevolle, kompetente Arbeit." Das Lexikon des Internationalen Films nennt ihn „unterhaltsam, spannend, mit fesselnden Landschaftsaufnahmen". Hembus hat aus seinem Blickwinkel durchaus Recht, und wer die literarische Vorlage nicht kennt, ist wahrscheinlich auch zufrieden mit dem, was er da zu sehen bekommt. Wer allerdings den Roman gelesen hat, wird sich verwundert die Augen reiben, weil er seinen Cooper nicht wieder erkennt. Auch ist es im Grunde nicht Reinls Winnetou-Mannschaft, sondern die Crew und teilweise auch der Cast seiner Edgar-Wallace-Filme. Als „Captain

Hayward" – im Roman „Major Duncan Heyward" - steht Joachim Fuchsberger im Mittelpunkt und wie bei manchen der Wallace-Filme darf er auch hier Karin Dor beschützen und retten, Falkenauge[51] tummelt sich nur am Rande des Geschehens, ohne so recht zum Einsatz zu kommen. Chingachgook stirbt gleich zu Beginn des Films und so wird Uncas (Dan Martin) zum letzten Mohikaner, was er im Roman zwar auch ist, aber doch in einem ganz anderen Sinn, da er dort stirbt, bevor er Nachkommenschaft in die Welt setzen kann, während sein Vater ihn überlebt. Für den Humor sorgt hier Kurt Großkurth, ein durch das TV jener Jahre nicht zuletzt dank seiner großen Bildschirm-Präsenz sehr bekannter Operettenbuffo, in der Rolle eines Kochs, der an den Smutje Mr. Smee aus der Disney-Version von „Peter Pan" angelehnt scheint.

Hembus apostrophiert den Streifen zu Recht als „ein weiterer Karl-May-Film", was er allerdings auch im negativen Sinn ist, da die Karl-May-Filme zu diesem Zeitpunkt längst begonnen hatten, sich von ihren vorgeblichen Vorlagen immer weiter zu verabschieden. Wer mit der Cooper-Lektüre im Kopf das Kino betreten hatte, sah sich dann doch recht enttäuscht, wenn er sich denn werkgetreueres erwartet hätte. Aber vielleicht hätte man eine solche Verfilmung doch besser den US-Amerikanern überlassen sollen!

Was dabei herauskommen konnte, zeigte sich rund 30 Jahre später.

Wer je Lateinunterricht oder auch nur ein paar Stunden fundierten Unterricht zur Geschichte des Altertums genossen hat, kennt die rhetorische Frage des altrömischen Rechtsanwalts, Schriftstellers und Politikers Cicero „Quo usque tandem abuteris patientia nostra?" /

---

[51] Interpretiert durch Antonio de Teffé, aus dem man wohl fürs internationale Publikum einen Anthony Steffen machte und der dann auf dem Höhepunkt der diesbezüglichen Inflation auch einmal „Django" spielte, freilich ohne mehr als eine bestenfalls blasse Kopie Franco Neros, des ersten Darstellers der Figur, abzugeben.

„Wie lange noch willst du unsere Geduld missbrauchen?", womit er sich an Catilina, einen politischen Hasardeur im alten Rom wandte. Die nämliche Frage könnte man Michael Mann stellen, dem Regisseur, Co-Produzenten und Co-Autor des Films von 1992. Man hätte gewarnt sein können durch eine objektive Betrachtung dessen, was man von Michael Mann bereits zu sehen bekommen hatte. Ein Blick auf sein Schaffen in seiner Vor-Mohikaner-Zeit zeigt uns, dass ihn mit seinen zis-atlantischen Namensvettern, den literaturschaffenden Brüdern Thomas und Heinrich sowie Thomas' zahlreicher Nachkommenschaft in Bezug auf geistigen Gehalt rein gar nichts verbindet. Auf seine Rechnung geht vielmehr die TV-Serie „Miami Vice", wo über einer Unmenge teils vermeintlicher Schauwerte und großem Tempo die eigentliche Geschichte der jeweiligen Episode total in den Hintergrund geriet. Das Ende der einzelnen Folgen erkannte man generell nahezu ausschließlich daran, dass die Schlusstitel abliefen. - Wollte der Filmemacher hier beweisen, dass Mark Twain doch Recht hatte, als er sagte, Cooper sei nicht fähig, eine Geschichte richtig zu erzählen? Wenn dem so ist, dann ging der Schuss allerdings nach hinten los und der Twain'sche Vorwurf bleibt an diesem „Mann" hängen. - Im Vorspann von „The Last of the Mohicans"/„Der letzte der Mohikaner" wird als zweite Quelle neben dem Roman ein Theaterstück gleichen Titels angeführt und so ist dem Film von Anfang an auch eine gewisse Geschwätzigkeit, eine dem Theater verhaftete Wortlastigkeit eigen, die ihm nicht bekommt. Gerade die ersten Minuten eines jeden Zelluloidwerkes aber sind es, die das Gesamttempo des Kinostücks bestimmen, und so wirken diese allzu statischen Momente sich negativ, ja lähmend auf den ganzen Streifen aus. Scheinbar ewig wartet man, dass die Handlung endlich in die Gänge kommt, um dann beim Verlassen des Kinos enttäuscht feststellen zu müssen, wie bei der TV-Serie im großen Ganzen wieder einmal einen Abspann ohne vorhergegangenen Film gesehen zu haben, eine Periode voll blankem, hohl lärmendem Aktionismus, der beinahe schon selbstzweckhaft erscheint nach dem Motto: „Wenn ich schon nicht fähig bin, eine Geschichte zu erzählen, dann will ich den Zuschauern zumindest die Augen abfüllen mit schönen, wenn auch leeren Bildern!"

Eine echte Michael-Mann-Produktion eben! Eine echte, üble Zumutung an unsere Geduld! Wahrlich: Q u o   u s q u e   t a n d e m ?

Gewiss, da bekommen wir prachtvolle Naturaufnahmen aus den kanadischen Adirondacks in Hochglanz und beinahe schon kitschiger Postkarten- und Werbefilmästhetik zu sehen, aber was sich innerhalb dieses prächtigen Naturrahmens abspielt, das lässt den Zuschauer letztlich unberührt. Vor dem Hintergrund der Handlungsepoche gesehen mag alles exakt recherchiert und bis zum letzten Kragenknopf korrekt wiedergegeben sein, aber die ganzen rasanten Aktionen bleiben seltsam spannungsarm und leer. Die Kampfhandlungen sind wild und blutrünstig mit Tempo inszeniert, aber sie berühren uns nicht, sind ebenso schnell wieder vergessen, und die Helden gehen daraus hervor, ohne dass ihnen ein Härchen gekrümmt worden wäre, auch von dem reichlich herumspritzenden Filmblut findet sich kaum etwas auf ihren Gewändern – möglicherweise geht der Atem etwas schneller. Das einzige Mal, wo ein wenig Spannung aufkommt, ist am Ende der Verhandlungen zwischen dem britischen und dem französischen Oberkommandierenden, als deren Untergebene, die vor dem zu übergebenden Fort in Formation einander gegenüberstehen, sich nicht ganz schlüssig zu sein scheinen, ob sie sich gegenseitig nun die Hand oder doch lieber eine Kugel geben sollen. Dann löst sich alles in Wohlgefallen auf, keine dieser beiden Optionen kommt zum Tragen, die Briten marschieren ab, die Franzosen übernehmen das Fort, und die Spannung verpufft. Wohlgemerkt, es soll hier nicht dem Vorgehen das Wort geredet werden, dass der Gang der durch den Roman vorgegebenen Handlung unnötig verändert werden sollte, nur um das einmal geschaffene Moment der Spannung zu nutzen, es soll nur aufgezeigt werden, dass hier völlig sinnlos etwas aufgebaut wurde, was dann ungenutzt bleibt. Das zeugt nicht gerade von intelligenter, ökonomischer Ausbeutung der durchaus vorhandenen bzw. erarbeiteten Ressourcen!

Ebenso unnötig wurden die Beziehungen zwischen den Hauptfiguren geändert. In der literarischen Vorlage sind Chingachgook und Hawkeye Kampfgefährten und enge Freunde, Unkas (hier Uncas) ist Chingachgooks Sohn. Der Film hat daraus wie schon bei Reinl die Karl-May-Konstellation Chingachgook => Intschu-tschuna, Unkas => Winnetou und Hawkeye => Old Shatterhand gemacht, während in Coopers Roman - um im Bild zu bleiben – doch die Intschu-tschuna-Figur überlebt, während Winnetou frühzeitig ins Gras der Prärie (hier eben den Waldboden) beißen muss.

Die überzeugendste Gestalt in dieser Produktion ist Major Duncan Heyward. Zwischen professioneller Bewunderung für den Lederstrumpf als Kämpfer und Jäger und privater Eifersucht wegen Alice, welche er liebt, die aber für den anderen, obschon älteren Mann schwärmt, hin- und hergezerrt wird er gegen Ende von Hawkeye erschossen – allerdings nicht aus niederen Beweggründen, sondern um ihm, der den Feinden in die Hände fiel, ein langes Leiden am Marterpfahl zu ersparen. Leider wurde David Gamut, der Gesangslehrer, weggelassen, obwohl gerade diese Figur, die im Roman unter anderem für Heiterkeit, ja echten unverkrampften Humor sorgt, dieser Produktion sehr gut getan hätte.

Optisch ist die Geschichte, wie gesagt, brillant aufbereitet, die Schauplätze sind gut ausgewählt, und wenn die feindlichen Indianer bei der Verfolgung von Hawkeyes Trupp sich hinter einem Wasserfall entlang bewegen, was man nur an dem durch den Wasserschleier wahrnehmbaren flackernden Fackelschein erkennen kann, dann könnte sich beinahe eine romantische Stimmung entwickeln. Stattdessen: Langeweile. Dem Darsteller des Hawkeye (mit Daniel Day-Lewis durchaus prominent besetzt), der hier im Mittelpunkt steht, fehlt es an Charisma, er bleibt uninteressant. Gelegentlich scheint, passend zur zähen Handlung, auch das Bild zu erstarren, regelrecht einzufrieren, wenn nämlich zwei Gesichter in Großaufnahme sich bemühen, ein beginnendes gegenseitiges persönliches Interesse auszudrücken, sei es abwechselnd nun zwischen Hawkeye und Alice oder zwischen Alice und Heyward oder auch zwischen Unkas und Cora. Auf die Gestaltung der zwischenmenschlichen Beziehungen unter den Hauptfiguren wurde aber bedauerlicherweise nur allzu wenig Wert gelegt.

Zusammenfassend lässt sich sagen, dass es sich wohl um die finanziell großzügigste, farbenprächtigste, in Bezug auf den historischen Hintergrund am akribischsten recherchierte, insgesamt wohl aufwendigste Inszenierung des Werkes handelt, gleichzeitig aber auch um eine der langweiligsten Bearbeitungen. Hembus meint dazu: „Während der ersten Hälfte läuft Daniel Day-Lewis mit einem Grinsen durch den Film, das wohl dem Gedanken an seinen Gagenscheck entspringt. Ansonsten vergisst The Last of the Mohicans die amerikanische Kunst, eine Geschichte zu erzählen, wobei er einige sehr hässliche Klischees über Indianer wieder ausgräbt. Wer Michael Manns erfolgreiche Fernsehserie Miami Vice kennt, sollte die Parallelen sehen: Ein weißer und ein farbiger Polizist (Hawkeye und Uncas) unter der Aufsicht eines älteren Überwachers (Chingachgook) helfen schönen und hilflosen Frauen (Cora und Alice) gegen einen rachsüchtigen Killer (Magua), während sie sich mit den Einmischungen eines Regierungsbürokraten (Heyward) herumschlagen müssen. Die Verwandlung von ‚The Last of the Mohicans‘ zu ‚Adirondack Vice‘ gerät folgerichtig zu einer erfolgreichen und beabsichtigten Katastrophe" (Henry Sheehan, „Sight and Sound" – Übersetzung Hembus). Die Frage sei hier erlaubt, ob es, wie von Sheehan unterstellt, denn wirklich in der Absicht der Macher lag, den Film zu der - wenn auch tatsächlich erfolgreichen - Katastrophe geraten zu lassen, die er ja nun wirklich geworden ist?

Auffallend auch, dass wie weiter oben Hembus den Mohikaner-Film Reinls mit den Karl-May-Filmen des gleichen Regisseurs vergleicht, der Amerikaner Sheehan seinerseits die Parallelen zwischen Manns Produktionen „Miami Vice" und dessen Mohikaner-Film anspricht.

Schwer nachvollziehbar, dass dieser Streifen im deutschen Fernsehen immer wieder einmal gezeigt und dazu auch noch besonders angepriesen wird! Ein selbsternannter Experte meinte vor Jahren sogar, man solle ihn sich mindestens einmal im Jahr ansehen, und er verstand seine Anregung ganz offenbar nicht als Maßnahme zur Abhärtung oder gar als Anleitung für den praktizierenden Masochisten. Zu Hembus' Kritik kann man nur anmerken, dass ein Mann nicht gut vergessen kann, was er offensichtlich nie gelernt hat. Glücklicherweise sind uns auch andere Film-Dramatisierungen dieser Erzählung bekannt, bescheidener, aber in ihrer Machart durchaus eher zufrieden stellend.

„Unkas, der letzte Mohikaner"/„The Last of the Mohicans" (Steve Forrest/Ned Romero) von 1977 ist so ein Beispiel, wovon man sich überzeugen konnte, als diese TV-Produktion einmal an einem Winternachmittag um den Jahreswechsel 1991/92 auch im deutschen Fernsehen ausgestrahlt wurde. Sie bleibt erstaunlich nahe an der Vorlage, zeigt daneben ebenfalls wunderschöne Landschaften und vergisst auch nicht den Humor. Das Lexikon des Internationalen Films meint zu dieser Verfilmung: „Leidlich unterhaltsam thematisiert sie jenseits der bekannten Aktionen die Kluft zwischen Zivilisation und Wildnis im damaligen Bereich der „Frontier" Nordamerikas". Hembus dagegen mag sie anscheinend noch weniger, da er sie in seinem Westernlexikon noch wesentlich kürzer abhandelt: „Wie eine Aufführung der Laienspieltruppe Bad Tölz, nur bei weitem nicht so komisch." Was hat er nur gegen Bauerntheater? Oder wen will er sonst treffen mit seinem Spott?

Als europäische TV-Koproduktion entstand 1969 in Rumänien der Vierteiler „Die Lederstrumpfgeschichten" mit Hellmut Lange und Pierre Massimi in den Hauptrollen. Da zeigten sich doch recht deutlich die Unterschiede zwischen der geldprotzigen, aber letzten Endes ebenso seelen-, wie leblosen US-Kinoproduktion eines Michael Mann und der vergleichsweise bescheidenen (zumindest was die dahinter stehenden Finanzen betraf) Nachempfindung des Abenteuers von diesseits des großen Teichs. Freilich fiel der Vergleich nicht in jedem Punkt zu Ungunsten dieses europäischen Teams aus.

Was bei Michael Mann oft so geschwätzig herüberkam, nämlich die Erklärung des historischen Hintergrunds in Einzelgesprächen der Akteure, übernahm bei dieser TV-Produktion die Stimme eines Erzählers aus dem OFF, was die Spannung, die hier durchaus aufkam, keineswegs beeinträchtigte, sondern der Geschichte einen langen Atem[52] verlieh, eine über das Dargestellte hinausgehende Dimension, ohne dass dadurch nun Langeweile aufgekommen wäre. Es muss allerdings auch gesagt werden, dass wenn auch einige der Schauspieler und Statisten hier sich redlich mühten, furchterregend grimmige Wilde zu porträtieren, das der Mehrzahl doch nur sehr bedingt gelang, auch Magua, der Hauptschurke, recht blass blieb. Recht viel mehr Wert hatte man dagegen auf Einzelheiten gelegt, was die Indianer, ihre Ausrüstung und Art zu leben betrifft. Mag die Hollywoodproduktion auch in ihrer Rekonstruktion des Jahres, in das Cooper die Handlung gelegt hatte, vorbildlich sein, so wirft die europäische Serie ein nicht weniger genaues Licht auf die allgemeine Entwicklung der Verhältnisse im Indianerland insgesamt und die permanente Veränderung durch die unaufhaltsam vordringenden Weißen überhaupt. Die zugrunde liegende Fabel war auch in dieser Bearbeitung verändert worden, jedoch ohne dadurch an Plausibilität, Spannung

---

[52] Wobei hier „mit langem Atem" nicht „langatmig" im Sinne von „langweilig", sondern „mit der nötigen Geduld ausholend mit aus dem zeitlichen Abstand entstandenen Einblick und sich daraus ergebenden Übersicht erzählend" meint.

und Interesse zu verlieren. Ein Gefühl für die Historie, vor deren Hintergrund die Geschichte spielt, kommt bei dieser Produktion eher zustande, da hier der große Bogen der geschichtlichen Ereignisse angesprochen wird, während der Hollywoodfilm rein auf die Vorgänge von 1757 Bezug nimmt und auch ganz auf diese fixiert ist.

Alles in allem wirkt der letztgenannte Versuch des „kleinen Bruders" aus Europa überzeugender, denn wenn auch die große Action fehlt und da und dort auch ein Riss in der Logik zu klaffen scheint, ist er über die reine Spielhandlung hinaus dennoch informativer und insgesamt nicht so vorhersehbar. Er hat kurz gesagt vieles, was Michael Mann so schmerzlich vermissen lässt und nichts von dem, was Hembus an der US-Produktion zu recht bemängelt.

Wenn man alles berücksichtigt, was für bzw. gegen die einzelnen Produktionen spricht, sollte die Entscheidung dann doch zugunsten der von 1977 als der adäquatesten fallen. Bei aller Wertschätzung europäischer Filmkunst kommt sie ihrer Vorlage noch am nächsten.

Sir Henry Rider Haggard

(1856 – 1925)

„Für alle, die ihren Karl May noch nicht vergessen haben", schrieb
das „Bücherblatt" (Abdruck auf dem Deckel der TB-Auflage) anlässlich einer Neuauflage von Sir Henry Rider Haggards „König Salomons Schatzkammer"/„King Solomon's Mines" 1970 im Diogenes-
Verlag.

Jedem, der über die Jahre hinweg das TV-Programm mit einem Blick
auf Abenteuerfilme im Allgemeinen und Stewart Granger im Besonderen verfolgt hat und/oder eine einigermaßen gut sortierte DVD-
Sammlung sein eigen nennen kann, sollte die Verfilmung dieses
Romans bekannt sein, wenn auch statt „Schatzkammer" dort König
Salomons Diamanten zu lesen ist. Zur Erinnerung kurz die Inhalts-
angabe, wie sie im Lexikon des Internationalen Films abgedruckt ist:
„Eine Engländerin engagiert einen berühmten Afrika-Kenner, um
ihren dort verschollenen Mann zu suchen." Im Roman ist es ein englischer Lord, der seinen Bruder sucht. Dieser Lord ist eine große,
stattliche Erscheinung mit imponierendem Auftreten, der den Erzähler an einen Dänen aus alter Zeit erinnert, womit er wohl einen Wikinger meint, denn dänische Wikinger waren es ja hauptsächlich, die
den Engländern ehemals zugesetzt und zeitweise auch über Teile des
Landes geherrscht hatten[53]. Begleitet wird dieser Lord von einem
Marineoffizier namens John Good, der Beschreibung nach „breit,
mittelgroß, mit dunklem Teint, untersetzt". Er achtet außerordentlich

---

[53] Ein Niederschlag davon findet sich in Shakespeares Tragödie „Hamlet", wo Claudius, der
dänische König, über die Herren Rosencrantz und Guildenstern dem englischen König den
Befehl zukommen lässt, den Dänenprinzen, seinen Neffen, töten zu lassen, was Hamlet
jedoch dadurch verhindert, dass er den betreffenden Brief an sich bringt, umschreibt und den
Spieß somit auch umdreht. Die grundlegende Situation ist jedoch eben, dass der Däne dem
Briten befehlen kann.

auf Reinlichkeit, sowohl was seinen Körper als auch seine Kleidung betrifft, trägt Monokel und Zahnprothese. Der Autor und Ich-Erzähler – von Karl May sind wir diese Doppelfunktion/Personaleinheit ja hinreichend gewohnt – ist der bereits angesprochene Afrika-Kenner, ein Mann Mitte Fünfzig, drahtig und gerade so groß, dass er sich im Fall des Falles hinter dem Lord verstecken könnte. Sich selbst bezeichnet er als einen ängstlichen Mann, der Abenteuer hasst und Gewalt verabscheut, außerdem häufig von Schmerzen von einem Löwenbiss ins Bein geplagt ist. Wenn wir hier statt dem „ängstlich", das wir lesen, allerdings ein „vorsichtig" verstehen, trifft das den Sachverhalt besser. Dieser „Angsthase" hat immerhin die meiste Zeit seines Lebens als Jäger, Händler, Goldgräber und ganz allgemein eben als Abenteurer in einem Gebiet verbracht, das in etwa der Osthälfte des heutigen Staates Südafrika und seiner nordöstlichen Nachbarländer entspricht, soweit sie sich zur Zeit der Romanhandlung unter britischer Verwaltung befanden. Prinzipiell zeigt er auch keine Scheu, sich unter Anwendung der nötigen Vorsicht in Gebiete zu wagen, die jenseits gesicherter Pfade liegen. Den Ausschlag liefert bei ihm allerdings kein idealistischer, sondern der sehr materialistische Aspekt, mit der ihm vom Lord in Aussicht gestellten Prämie seinen in England Medizin studierenden Sohn finanziell absichern zu können, und dieser Grund lässt ihn dann doch einwilligen, bei der Suche als Führer zu dienen. Diese Einstellung klingt nicht nach einem Helden im Stile Karl Mays, aber auch seine beiden Reisegefährten erfüllen die Anforderungen in diese Richtung nicht. Tatsächlich finden wir in diesem Roman keinen Helden, der zumindest was Einfallsreichtum und Kampfkraft (oder eben auch Idealismus) angeht, Old Shatterhand oder Kara Ben Nemsi entspräche, aber die vereinten Fähigkeiten der drei lassen ihr Unternehmen dennoch zum Erfolg werden. Im Gegensatz zu May entdecken wir bei Rider Haggard eben nie einen Überhelden, der dank seiner überwältigenden Potenzen als universaler Problemlöser tätig oder dazu auch nur befähigt wäre, sondern es ist stets Teamwork, die Kombination aller Kenntnisse und Fähigkeiten der Teilnehmer also, die zum Gelingen der Unternehmung führt, was seine Geschichten dann auch realistischer wirken lässt. Die May so wichtigen altruistischen Motive suchen wir hier ebenfalls vergebens. Passend dazu spricht der Held des Films der Lady gegenüber sehr bald den Verdacht aus, sie forsche nur nach ihrem Gatten, um dessen Tod beweisen und so das Erbe antreten zu können, was nicht nur im Gegensatz zur Einstellung der Helden Mays doch recht desillusionierend, ja geradezu schäbig wirkt. Als Old Firehand Winnetou und Shatterhand zu einem Treffen am Silbersee einlädt, ist sicher nicht die Rede von der Aussicht auf Reichtum und in der Folge spricht eigentlich auch nur der Hobble Frank davon, dass für ihn nun der erste Schritt zu finanziellem Wohlstand, ja Opulenz gelegt sei. Eigentlich bräuchte er es gar nicht erwähnen, allein die Art, wie er später zu Beginn von „Der Ölprinz" dann auftritt, zeigt zur Genüge, dass dank der Silberfunde, zu denen dann bald auch noch Gold kam, gewisse weltliche Sorgen von ihm und seinem Vetter genommen sind. - Zu der Suche nach dem Bruder gesellt sich im Roman noch das Forschen nach der titelgebenden Schatzkammer (die „Mines" des Originaltitels, also eigentlich „Bergwerk"), verzögert durch „Thronfolgestreitigkeiten" innerhalb eines Eingeborenenstammes, welche die Lage weiter verkomplizieren. Eine Entscheidung im letzteren Punkt wird durch einen Zweikampf herbeigeführt, die „Schatzkammer" entdeckt und der Bruder eher zufällig dann auf dem Rückweg aufgefunden. Der Lord erweist sich im Verlauf des Unternehmens als gewaltiger Kämpfer, Good wird für den Leser ein wenig zur komischen Figur (im Film bleibt er als Bruder der Lady nichtssagend und blass), den Eingeborenen aber auch zur gottgleichen Erscheinung, weil er seine Zähne nach Belieben verschwinden und danach auch wieder erscheinen lassen kann, und der Erzähler, Allan Quatermain, leistet zuverlässig seinen Beitrag als landes- und sprachkundiger Führer. Ja, Allan Quatermain, der in der oben erwähnten Produktion von Stewart Granger (damals 37 Jahre alt – weshalb man den Quatermain des Films dann wohl auch für einen zwar schulpflichtigen, aber doch noch nicht Medizin studierenden Sohn Sorge tragen lässt - jedoch mit bereits weißen

Schläfen), später dann von Richard Chamberlain und auch von Patrick Swayze verkörpert wurde, um nur die prominentesten Darsteller dieser Figur zu nennen. In „Die Liga der außergewöhnlichen Gentlemen" sehen wir Sean Connery in der Rolle, aber das ist dann doch schon ein Quatermain im Rentenalter. Die Unterschiede zwischen der Figur des Romans und denen der Filme lassen die oft thematisierte Diskrepanz zwischen dem Ich-Erzähler Mays und seiner Interpretation durch Lex Barker nahezu bedeutungslos erscheinen. Die Vorbedingungen sind allerdings auch andere. Karl May legt sehr viel Wert auf die äußere Erscheinung seines Helden, macht diese auch zum Auslöser und Bestandteil der einen oder anderen Episode – meist tarnt er sich dann als Greenhorn, um seinen Begleitern umso leichter Sand in die Augen streuen zu können -, so dass es eben nicht egal ist, ob der Held nun jung, mittelgroß und unauffällig ist oder so ein Mensch wie Lex Barker, der ihn im Kino der 60-er Jahre dann tatsächlich darstellen sollte.

Ein anderer Roman aus der Feder von Rider Haggard trägt den Titel „SHE"/„Sie". Die Handlung ist etwas weiter im Norden, nördlich des Sambesi-Flusses angesiedelt. Im Mittelpunkt stehen neben der titelgebenden Frau zwei Helden, die sich mit denen Karl Mays aber auch nicht messen können. Der eine, Leo Vincey, ist ein junger Mann von 25 Jahren und so exquisiter Schönheit – bei May selten ein gutes Vorzeichen, eher eines, das Alarmglocken schrillen lässt -, dass er zu Hause in England „Griechengott" (gemeint ist hier wohl Apollo(n), der Gott der Schönheit bei den polytheistischen alten Römern und Griechen), in Afrika von den Eingeborenen später aber „Löwe" genannt, was unter anderem auch auf eine gewaltige dunkelblonde bis braune Mähne schließen lässt. Neben dieser Schönheit verfügt er auch über hohe Intelligenz und ebensolche Bildung, ist waffengewandt und ein guter Sportler. Die meiste Zeit der Abenteuerhandlung verbringt er allerdings malariakrank in halber Bewusstlosigkeit. Zum eigentlichen, weil ausführenden Helden wird so sein väterlicher Freund Ludwig Horace Holly, ein Mann von so eminenter Hässlichkeit, dass er von den Eingeborenen den Beinamen „Pavian" erhält. Seine Beschreibung im Buch liest sich so: „Er war ziemlich klein, hatte krumme Beine, eine breite kräftige Brust und ungewöhnlich lange Arme, dunkles Haar und kleine Augen. Das Haar wuchs ihm tief in die Stirn hinein, und sein Bart reichte bis zum Haar hinauf, so dass von seinem Gesicht nicht viel zu sehen war. Alles in allem erinnerte er [...] sehr stark an einen Gorilla und dennoch wirkte er überaus sympathisch und anziehend . . .". Das lässt uns, zumindest des starken Bartwuchses wegen, in etwa an den Sam Hawkens denken, der von Karl May in „Winnetou I" als eine „männliche Pastrana" (nach Julia Pastrana, einem sog. Haarmenschen) bezeichnet wird, daneben aber auch die volle Sympathie nicht nur des Lesers genießt, wenn er auch nie der Held eines Abenteuers wird.

Bei Rider Haggard finden wir also durchaus Gestalten, wie wir sie in etwa auch aus dem Figurenkanon von Karl May kennen, aber, wenn wir diesen denn als Norm nehmen, gegen den Strich gebürstet, wenn ihnen durch die Beschreibung Haggards, der im Gegensatz zu May nicht an der Oberfläche hängen bleibt, auch mehr Eigenart verliehen wird.

In geradezu auffallendem Gegensatz zu Karl May instrumentalisieren Rider Haggards Helden ihre körperlichen Eigenheiten und Begabungen durchaus. Mays Protagonisten glänzen durch die perfekte Beherrschung aller möglichen Waffen und die Zurschaustellung sportlicher wie intellektueller Fähigkeiten, anderes aber lassen sie ungenutzt. Goods Zahnprothese und die Schönheit des „Griechengottes" jedoch werden gelegentlich auch zur psychologischen Waffe, während Karl May die Perücke von Sam Hawkens, die Taschenspieler-Kunststücke des Juggle-Fred und die zwiespältige Schönheit Harry Meltons brach und links liegen lässt (Sams Perücke ist gerade mal gut, Kliuna-ai zu vergraulen und auch das geschieht ohne, ja sogar gegen alle Absicht). Im Film „Unter Geiern" lenkt Götz George die Verbrecher dann durch Kartentricks ab. Dadurch ist Charley & Co.

aber eine gewisse Sterilität eigen, da sie allesamt zu wenig eigenen Charakter entwickeln. Neben seiner Schönheit taugt der „Griechengott" auch durch seine Malaria-Erkrankung nicht zu einem Helden Karl Mays – Old Shatterhand liegt nur einmal danieder, nämlich nachdem Winnetou ihn in den Hals gestochen hatte. Kara Ben Nemsi erkrankt zweimal, zum einen als ihn die Pest ergreift, zum anderen beim Übergang von der Realität in mystischere Gefilde („Im Reiche des silbernen Löwen") -, Leo Vincey aber gerät zur plastischeren Figur.

Der Handlungsort Wüste in „Schatzkammer" ist an sich schon auch typisches Karl-May-Land, nicht aber die Kalahari, welche der Wissenschaft noch kaum, Rider Haggard dagegen zumindest abschnittsweise aus eigener Anschauung durchaus bekannt war. In „Sie" haben wir es größtenteils mit Sumpfland zu tun, was eine von Mays Helden recht selten betretene Gegend darstellt. Aber während May nun bei der Beschreibung von Landstrichen, über die er keine Literatur findet, zurückhaltend bis allgemein verfährt, führt Rider Haggard [darin Edgar Wallace in seinen (Süd-)Afrika-Romanen ähnlich, wo man auch auf Eingeborenenstämme trifft, deren Vorfahren vor beinahe zwei Jahrtausenden mit römischen Legionen handgemein geworden waren] seine Gestalten gern in Gefilde und zu Völkerschaften, die nur in seiner Phantasie existieren, eine Methode, der May erst in seinem Spätwerk huldigt, wo er sich dann jedoch überhaupt von der bekannten Geografie weitgehend verabschiedet (radikal in „Ardistan und Dschinnistan", aber auch bei anderen Gelegenheiten, wo er uns aus einem zu Beginn realen Umfeld in Gebiete entführt, die nur in seiner Phantasie existieren, während er im Rahmen der Abenteuergeschichten durchaus auch mal an Orte innerhalb der sonst realen Geografie führt, die auf keiner Karte aufzufinden sind, wie dem Kaktusfeld in „Der Geist des Llano Estakado" sowie in „Old Surehand I") oder gewisse Hintergässchen in Kairo im ersten Mahdi-Roman, ohne die grundlegenden Naturgesetze nun außer Acht zu lassen. Andererseits sind bei May die Indianergestalten recht phantasievoll verzeichnet und dürfen ihrerseits nicht zu sehr an der Realität gemessen werden.

Die Abenteuer bei Rider Haggard sind bunt und teilweise recht gewalttätig, wie wir es ja auch von May her gewohnt sind und lieben. Anders als bei dem Deutschen, der uns als Ausgangspunkt für eine Erzählung oft nicht mehr bietet als ein vages „Ich hatte mich vor vier Monaten mit Winnetou in der Sierra Madre verabredet" (so in etwa zu Beginn des Romans „Old Surehand I" - aber kein Warum, Wieso, Weshalb oder gar ein Wozu), gibt uns Rider Haggard eine zumindest cum grano salis nachvollziehbare Motivation an die Hand und heizt unsere Spannung schon allein dadurch an, dass er seinen (Un-)Helden noch vielfach zögern lässt, während andere bereits vorwärts drängen. In „Schatzkammer" ist es gerade Quatermain, der zahllose Einwände geltend macht, bis der Lord ihn schließlich ganz einfach finanziell überzeugt („kauft" wäre dann doch zu scharf formuliert) – ein unmöglicher Zug bei den Helden Karl Mays, die den Ritt zum Silbersee eben nicht des Goldes, sondern rein des Abenteuers wegen unternehmen (allem Anschein nach hat Old Firehand Winnetou gegenüber eine Aufforderung zu dem Ritt ausgesprochen, der hat diese Einladung auf Old Shatterhand ausgeweitet, welcher seinerseits mit drei Gefährten aufgebrochen ist, und wie eine Lawine hat auch diese „Reisegesellschaft" unterwegs auch sonst noch „Fleisch angesetzt") - auch das Angebot von Lord Castlepool an seine Reisegefährten, für anfallende Abenteuer bezahlen zu wollen, hat keineswegs auch nur den geringsten Ruch von Käuflichkeit an sich, sondern ist mehr ein Gag am Rande -, in „Sie" ist es der „Pavian", der sich schließlich vom „Griechengott" moralisch gezwungen sieht, auf Abenteuerfahrt zu gehen, da er als (Ex-)Vormund und väterlicher Freund ihn nicht so ohne weiteres alleine losziehen lassen will. Davor aber setzt auch er tausenderlei Wenn und Aber dagegen, auf eine Expedition zu gehen, die ihre Berechtigung nur aus einem jahrhundertealten Bericht und einer dubiosen handgezeichneten Landkarte noch dubioserer Herkunft zieht. -- Nebenbei sei noch vermerkt, dass nahezu alle Helden der Abenteuerliteratur dem Topf voll Gold am Ende des Regenbogens hinterher jagen, nur Karl Mays Gestalten suchen und finden zumeist auch hauptsächlich die inneren Werte, das Gute im Menschen.

Während May sich als wahrer Kosmopolit gerierte, dessen Abenteuer in aller Welt spielten, wenn er auch persönlich nirgendwo selbst Erfahrungen sammeln konnte, beschränkte Rider Haggard sich auf Gegenden in Schwarzafrika, die er gut genug kannte, um auch Phantasielandschaften (wie etwa die „Brüste der Sheba" genannten Zwillingsberge) überzeugend in sie einbetten zu können. So geriet dem Briten der Ort der Romanhandlung zum integralen Schauplatz der Geschichte, die in ihm angesiedelt war, während der Deutsche oft die Beschreibung der lokalen Gegebenheiten vorausschickte, um sie dann gelegentlich allem Anschein nach doch wieder zu vergessen.

Der nur Schriftgelehrte weiß, dass man in der Wüste Gefahr läuft, sich ohne Kompass zu verirren, dem wahrhaft Landeskundigen ist bewusst, dass diese empfindlichen Geräte dort unter gewissen Voraussetzungen durchaus schon auch mal „verrücktspielen" können.

Der Vergleich, wie er im Einzelnen nun auch ausfallen mag, zeigt uns vor allem eins: Mögen andere, wie Rider Haggard, aber auch Sealsfield, Cooper, Gerstäcker, Mayne Reid, Ferry und wie sie alle heißen, die ihm vielleicht Anregung und Inspiration waren, ihm auch die Kenntnis der Lokalitäten und deren Gegebenheiten aus persönlicher Anschauung voraus gehabt haben, eines aber bleibt unbestritten: May war ein gewaltiger, genialer Erfinder von Geschichten voll überbordender Abenteuer, auch wenn seine Gestalten märchenhaft verzeichnet sich fast ausschließlich in „nur gut" und „nur böse" gliedern.

Karl May sowie Isaac Asimov, Ian Fleming und John Jakes

Isaac Asimov, Ian Fleming, John Jakes und Karl May – was mag die vier miteinander verbinden, abgesehen von der etwas makabren Tatsache, dass sie alle (mit Ausnahme von John Jakes zum Zeitpunkt der ersten Arbeit an diesem Text) „pushing up daisies" („Gänseblümchen nach oben treibend", wie es im englischen Sprachraum gelegentlich charmant umschrieben wird) sich die Radieschen schon seit einiger Zeit von unten betrachten. Der Zusammenhang mit John Jakes ist am offensichtlichsten, da beide Autoren Erzählungen verfassten, die im Wilden Westen Amerikas angesiedelt sind und die auch verfilmt wurden, wobei man sich bei Jakes jedoch um eine größere Werksnähe bemühte. Ein Punkt, der May mit Asimov und Fleming verbindet ist die Tatsache, dass sie in ihren jeweiligen Genres zu den ganz Großen gehörten, Fleming als der geistige Vater von James Bond und damit zumindest auch der Onkel aller Geheimagenten, die nach 007 kamen und auch noch kommen mögen, May als Erzähler großer Abenteuergeschichten mit überlebensgroßen Heldengestalten, die in seinem Heimatland so bekannt waren wie James Bond (zumindest als Filmfigur) es auf der ganzen Welt ist, und Asimov als Verfasser intelligenter S/F-Literatur, was - der großen Menge an geistigem Weltraumschrott, der in diesem Genre auch aus deutscher Hand (ohne hier nun mehr oder weniger unpassend PR[54] unterbringen zu wollen) auf der Umlaufbahn der Buchhandlungen zu finden ist – gar nicht deutlich genug gesagt werden kann.

Nachschlagewerke nennen Asimov nicht nur einen Verfasser von Sciencefiction-Romanen, sondern auch von wissenschaftlichen und

---

[54] PR ist selbstverständlich die gebräuchliche Abkürzung für Public Relations (Öffentlichkeitsarbeit/Reklamebemühungen), könnte aber - honi soit qui mal y pense - eben auch als Kürzel für Perry Rhodan missverstanden werden.

populärwissenschaftlichen lexikalischen Werken. 1979 erschien von ihm das „BOOK OF FACTS", das „Buch der Tatsachen" also, das unter dem letzteren Titel zwei Jahre später auch für den deutschen Markt veröffentlicht wurde. Unter einer Menge anderer hochinteressanter (wenn auch nicht unbedingt überlebenswichtiger) Fakten und teils durchaus amüsanter Kuriosa kann man dort auch lesen: „Es ist schwer, sich vorzustellen, dass ein Verfasser, dessen Romane in über 70 Millionen Exemplaren in 22 Sprachen verkauft wurden, in Amerika bis 1977 buchstäblich unbekannt war. Es handelt sich um Karl May, der von 1842 bis 1912 lebte, und dessen fesselnde und einfallsreiche Abenteuergeschichten schließlich in den USA erschienen, nachdem sie sich auf der ganzen Welt wachsender Beliebtheit erfreuten. Sie wurden begleitet von früheren Zitaten von Herrmann Hesse, Albert Einstein, Thomas Mann, Albert Schweitzer und vielen anderen Prominenten, in deren Leben Karl May eine wichtige Rolle zu spielen schien. Die meisten von Karl Mays Romanen sind in der ersten Person Singular geschrieben – ein Roman-Superheld, der, wie einer der US-Lektoren von Karl May sagt: „Jesus Christus und James Bond in einer Person" ist." Asimov scheint sich hier auf die Winnetou-Ausgabe des Continuum-Verlags von 1977[55] im Format 21 x 13 x 4,5 cm (eine „paperback edition", ja, aber kann man das noch ein „Taschenbuch" nennen, wie es der gängigen Übersetzung des Begriffs entspräche? In dem Zusammenhang denkt man doch eher an gewisse kleine schmale gelbe Bändchen, die sich auch mal in der Gesäßtasche einer Jeans oder auch jeder anderen, nicht zu eng geschnittenen Hose transportieren lassen!) zu beziehen, auf deren rückwärtigem Deckel sich tatsächlich ins Englische übertragene Zitate von Hesse und den beiden Alberts finden, Äußerungen von Thomas Mann „und vielen anderen Prominenten" sucht man dort freilich vergebens, was aber nicht heißen muss, dass sie nicht auf

---

[55] eine Übersetzung der für die Buch und Zeit Verlagsgesellschaft erstellten Sonderausgabe mit dem Untertitel „Die schönsten Erzählungen", wo „Winnetou I", die überarbeitete Old Firehand-Erzählung und die Erzählung um Winnetous Tod zusammengefasst sind

einem anderen von möglicherweise mehreren Bänden zu finden waren. Spätestens seit dem einen oder anderen Sammelwerk, in dem Äußerungen bekannter und bedeutender Zeitgenossen deutscher Zunge (wenn auch nicht von Thomas Mann, so doch zumindest von dessen Bruder Heinrich) zu Karl May gesammelt sind, wissen wir, dass hier nichts dazu erfunden werden musste. Das ist nicht so wie zu Lebzeiten Mays, wo er die Textsammlung von Zuschriften begeisterter treuer Leser trotz durchaus vorhandenen Materials selbst zu erstellen sich gemüßigt gesehen hatte.

John Jakes' Verbindung zu Karl May ist direkterer Natur. Im abschließenden Roman der Fackeln-im-Sturm-Trilogie (Originaltitel „Heaven And Hell", 1987) nimmt Charles Main auf der Flucht vor seinen Widersachern kurzfristig den Namen „Charles May" an. Nun könnte man das als nahe liegenden Zufall abtun, wenn nicht Jakes selbst einen erzählenden Text verfasst hätte, den er als eine Art Hommage an Karl May verstanden wissen wollte. 1992 erschien aus seiner Feder eine Sammlung von Westernkurzgeschichten unter dem Titel In „The Big Country". Nur in der deutschen Ausgabe davon, überschrieben „Gewaltig ist das Land", die ansonsten nahezu identisch (auch recht anständig übersetzt) mit der US-amerikanischen Version ist, findet sich die Erzählung „Manitow und Ironhand" mit dem oben angesprochenen Bezug zum deutschen Schriftsteller, den er in einem Nachwort zu dieser Kurzgeschichte „eine bedeutende Gestalt in der Literatur über den amerikanischen Westen" nennt. - Während Donna Leon ihre in Venedig angesiedelten Erzählungen um den Commissario Brunetti in Englisch verfasst und nicht ins Italienische übersetzt wissen will (weil sie in dem Land, wo sie beruflich tätig ist, ihre Ruhe haben möchte), haben wir es bei der genannten Erzählung mit dem Kuriosum eines Textes zu tun, der zwar von einem amerikanischen Autor verfasst wurde, welcher, wie er selbst sagt, nur über schwache Deutschkenntnisse verfügt, aber nur in einer deutschen Fassung (also wohl einer Übersetzung) im Druck vorliegt. - „Karl May", so Jakes weiter in seiner Betrachtung des Autors aus dem fernen Europa, „war fraglos ein sonderbarer Vogel für diese Art missionarischer[56] Arbeit." Da kann man Jakes nicht widersprechen, aber wenn er dann von „mindestens dreißig Filmen [...] nach Romanen von Karl May" schreibt, dann muss man es tun. Insgesamt sind es seit der Stummfilmzeit nur 23 gesicherte Produktionen (25 mit dem „Silbersee"-Puppenfilm und dem etwas verunglückten „Winnetoons"-Streifen – Amateur-Filme von Fans zu dem Thema nicht miteinbezogen). Leider!

Kann man sich Autoren unterschiedlicherer Genres vorstellen als Asimov und Jakes? Dennoch zollen sie beide Karl May ihren Tribut, jeder auf seine Art - einen „Old Shatterhand im Weltall" von Asimov freilich sucht man vergebens!

Noch direkter, wenn auch ohne den Namen zu nennen, bezieht Ian Fleming sich auf May, dessen Helden, nebenbei bemerkt, durchaus als Großväter und Väter des Geheimagenten, sowie - in ihrer Art, aus winzigsten Spuren weitestgehende Schlüsse zu ziehen - als Vettern von Sherlock Holmes, von dem wenig später als May ebenfalls erstmals zu lesen war, durchgehen könnten. „Im Januar dieses Jahres," weiß der Chef des japanischen Geheimdienstes, „Tiger" Tanaka, im Roman „You Only Live Twice"/„Man lebt nur zweimal" seinem Gast, James Bond, zu berichten, „betrat auf ganz legale Art ein Herr namens Doktor Guntram Shatterhand dieses Land. Begleitet wurde er von Frau Emmy Shatterhand [...]." (Übersetzung des Verfassers, nicht das also, was man in der gedruckten deutschen Version des Buches finden mag). Das Paar gibt sich als Schweizer Staatsbürger

---

[56] „missionarisch" bezieht sich hier nicht auf die weltweit angestrengten religiösen Bekehrungsabsichten des deutschen Helden gegenüber seinen Mitstreitern, sondern das Bestreben Karl Mays, das deutsche Lesepublikum mit dem amerikanischen Westen und vor allem dem Los der Indianer bekannt zu machen. Und wenn wir in dieser nur auf Deutsch vorliegenden Beurteilung seiner Person die Bezeichnung „sonderbarer Vogel" lesen, dann bezieht sich das wohl auf ein englisches „strange bird", das man hier wohl passender mit „schräger Vogel" wiedergegeben hätte.

aus, was nicht den Tatsachen entspricht – die Pässe sind ebenso Fälschungen wie der akademische Grad. Zunächst vermutet man Schweden in ihnen. Tatsächlich handelt es sich jedoch um das Paar Ernest Stavro Blofeld und Irma Bunt, Bonds Erzfeinde. Die schweizerischen Pässe könnten durchaus darauf hindeuten, dass sie ohne Umwege unmittelbar anschließend an das vorhergegangene Roman-Abenteuer „On Her Majesty's Secret Service"/„Im Geheimdienst Ihrer Majestät", auf direktem Wege aus der Schweiz, vom Piz Gloria angekommen sind. Für die Verfilmung hatte man allerdings die Reihenfolge der Romane vertauscht, so dass „Man lebt nur zweimal" nun vor Im Geheimdienst Ihrer Majestät steht, weshalb man auch diese Hintergrundgeschichte nicht verwenden konnte. Es war der erste Film, für dessen Inhalt man die Grundlage des titelgebenden Romans total verlassen, kaum mehr als den Titel, ein paar Figuren und Fragmente des Inhalts beibehalten hatte. Die Romanhandlung spielt in und um eine während der Shogun-Zeit im nördlichen Japan errichtete Burg am Meer. Eine Anlage dieser Art existiert in Japan allerdings nicht, da alle dortigen Festungen als Schutzunterkünfte gegen andere einheimische Potentaten oder auch War-Lords, nur im Süden zur Abwehr gegen Feinde von außen gedacht waren, ansonsten ausschließlich und immer nur als Schutz- und Trutzanlangen vor Gegnern, die im Inneren drohten. Man musste sich also etwas anderes einfallen lassen[57]. –

Für den Karl-May-Kenner interessanter sind allerdings folgende Fakten in diesem Zusammenhang:

---

[57] Wir sehen hier bereits den Beginn einer Entwicklung, die, sich stetig weiter vom Original entfernend, schließlich zur filmischen Umwandlung des schwarzhaarigen Gentleman in einen dunkelblonden Rüpel führte.

Da ist einmal der Name Shatterhand, der in der deutschen Version gar nicht auftaucht, wo Blofeld als ein Dr. Martell[58] eingeführt wird, was Hammer bedeutet, also auch etwas von der durchschlagenden Wirkung der alten Schmetterhand an sich hat, über den Vornamen Karl des historischen Namensgebers aber doch auch wieder zu May passend, der seinen Helden gelegentlich auch diesen Vornamen gibt. Dann der falsche Doktortitel, ein Faktum, dem wir auf Mays Lebensweg ja auch mehrmals begegnen (von „Dr. med. Heilig" bis zu „Dr. phil. Karl May") und, nicht zuletzt, die Erwähnung von Frau Emmy[59].

Fleming starb im August 1964. 16 Jahre später, 1980, erhielt John Gardner von den Fleming-Erben/-Nachlassverwaltern als Erster den Auftrag, in großem Stil und auf Jahre hinaus weitere Bond-Abenteuer zu verfassen. Wiederum zehn Jahre danach, 1990, erschien aus seiner Feder dann der Roman „Fahr zur Hölle, Mr. Bond!"/„Brokenclaw", in dem über eine Figur namens Fox, die ein einziges Mal „tödlicher/deadly", wahlweise auch „blutiger/bloody" Fox genannt wird, nun wiederum ein bewusster oder auch nur unbewusster Anklang an Karl May zu erkennen ist, der in zweien seiner Geschichten [„Der Geist des Llano Estacado" (im Band „Unter Geiern") und in „Old Surehand I"] einen Menschen namens „Bloody

---

[58] Der Name Martell allerdings gehört nicht in die erzählende Literatur, sondern in die europäische Geschichte, wo Karl Martell, der Großvater Karl des Großen, es ist, der die über die Pyrenäen eingedrungenen Mauren nach der Schlacht von Tours und Poitiers wieder über das Gebirge nach Spanien zurückdrängt.

[59] Wenn wir den Bogen noch weiter, ja beinahe überspannen, das assoziative Garn noch weiter spinnen wollen, können wir vom „Piz Gloria" zur Fürstin Gloria von Thurn und Taxis mit Stammsitz in Regensburg kommen, die ja eine geborene Glauchau ist, während Karl May im engeren Sinn ja eigentlich gar kein Sachse, sondern im Grunde Untertan des Fürsten von Hinterglauchau war, was nicht zuletzt durch das Stipendium jenes Adeligen für den armen Lehramtsstudenten belegt ist. Dazu könnte man dann noch aus der zeitweiligen Bindung an das Regensburger Verlagshaus Pustet einen zweiten Bezugspunkt Karl Mays zu der alten Römerstadt konstruieren.

Fox" eine Rolle spielen ließ, während das Adjektiv bloody bei Gardner nun eben nicht zum Namensteil avancierte.

Nun war Fleming zwar der deutschen Sprache mächtig, ob er aber Karl May gelesen, ja sich sogar mit dessen Vita auseinandergesetzt hat, erscheint mehr als fraglich. Meist beschäftigt man sich im Rahmen des Studiums einer fremden Sprache und deren Literatur doch mit der sog. Hochliteratur und nicht, falls nicht gerade ein besonderer akademischer Auftrag oder übergeordnetes Interesse besteht, für etwas, das eher der sog. Unterhaltungsliteratur zuzurechnen ist. So ist im Rahmen der Beschäftigung mit angelsächsischer Literatur von Milton und Shakespeare die Rede, von Dickens und der Virginia Woolf, aber sicher nicht von jenem Autor, der sich Sax Rohmer nannte und die unsäglichen Dr.-Fu-Man-Chu-Romane verfasste oder gar von Sapper, der die Abenteuer des gelegentlich als Bond-Vorgänger bezeichneten Bulldog Drummond zu Papier brachte. Ebenso wie die Romane des Sax Rohmer empfand der Verfasser dieses Aufsatzes die Lektüre der in seinem Besitz befindlichen Sapper-Bücher nicht zuletzt des dort porträtierten unkultivierten Milieus wegen, in das Bulldog Drummond von seinem Schöpfer gesetzt wurde, als gar zu proletenhaft und primitiv. Wo Bond von Spezialisten umgeben ist, ruft Drummond seine alten Kumpel aus der Zeit zusammen, wo sie während des Ersten Weltkriegs gemeinsam im Schützengraben lagen, wo Bond zusammen mit schönen Frauen in kultivierter Umgebung erlesene Speisen und auserwählte edle Getränke zu sich nimmt, genügen Drummond und seinen Kameraden einige ohne große Sorgfalt und Phantasie zubereitete belegte Brote und Bier, das direkt aus der Flasche getrunken wird. Bond ist mit einem Wort all das, was Drummond nie sein kann, weil es ihm an den Grundvoraussetzungen dafür fehlt, nämlich Herkunft, Erziehung sowie feine Lebensart.

Die Wertschätzung Karl Mays durch Autoren aus dem angelsächsischen Raum ist umso höher einzustufen, als eben, wie Asimov sagt,

134

bis 1977 praktisch keine Übersetzungen ins Englische vorlagen. Diese Feststellung gilt auch dann, wenn man von diversen unautorisierten Versionen seit der Zeit um die Wende vom 19. zum 20. Jahrhundert absieht, in denen die Geschichten mit teils veränderten Heldennamen („Jack Hildreth" u. ä.) ohne Nennung des eigentlichen Autors abgedruckt wurden. Erleichtert wurde dieses Vorgehen dadurch, dass „Das Waldröschen", der erste der bei Münchmeyer erschienenen Romane ursprünglich ja auch unter dem Namen Capitan Ramon Diaz de la Escosura, hinter welchem Pseudonym Karl May sich damals verbarg, veröffentlicht worden war. Weitere Romane erschienen dann unter Hinweisen wie „vom Verfasser des Waldröschen-Romans" oder Ähnlichem.

Reminiszenzen Charleys

- Erinnerungen Old Shatterhands

Erinnerungen an Menschen, die Charleys/Old Shatterhands Weg ein Stück weit begleiteten

Vom Anbeginn allen literarischen Schaffens an wurden erfolgreiche Werke der Erzählkunst nachempfunden, forterzählt, auf die eine oder andere Art ergänzt. Als frühes Beispiel dafür mag die „Odyssee" stehen, auch wenn sie ebenso wie die „Ilias" unter dem Namen Homers als ihres Autors bekannt ist. Das dort gezeichnete Bild der olympischen Götterwelt unterscheidet sich, dem Urteil von Experten entsprechend, jedoch so grundlegend von dem der „Ilias", dass wir wohl tatsächlich von zwei Autoren ausgehen müssen, die da in einem nicht ganz kleinen zeitlichen Abstand voneinander tätig waren. Jahrhunderte später knüpfte seinerseits der Römer Vergil mit seiner „Äneis" erneut an den Erfolg an und schrieb die Geschichte von dem Fall Trojas an in gewissem Sinne nun weiter, lenkte dabei den Erzählstrom von Kleinasien an des Odysseus' Heimat Ithaka vorbei ins geografische Zentrum des Mittelmeerraums nach Nordafrika und schließlich Italien.

Aber lassen Sie uns an dieser Stelle einen Sprung über die Jahrhunderte wagen!

Spätestens ab der zweiten Hälfte des 20. Jahrhunderts fanden sich auf dem Büchermarkt verstärkt Weitererzählungen von Klassikern der Weltliteratur, vorwiegend im Bereich der leichten Muse. Robert Louis Stevensons „Schatzinsel" erfuhr mehrere Fortsetzungen durch die Hand verschiedener Autoren, zum Teil aus den Blickwinkeln beteiligter Personen, um das Geschehen noch zu vertiefen, zum Teil auch einfach das Garn weiterspinnend, Ben Hur und sein Sohn erlebten diverse Abenteuer im gleichnamigen Roman von Roger Bourgeon, das „Phantom der Oper" erhielt eine Vorgeschichte durch Susan Kay unter dem Titel „Phantom". Auch James Bond wurde nicht nur im Kino weitererzählt. Die eine oder andere Geschichte von Jules Verne, Giovannino Guareschi („Don Camillo") und Frank Herbert („Dune – der Wüstenplanet") wurden und werden mit mehr oder minderem Geschick von ihren Söhnen weitererzählt. Auch Sir Arthur Conan Doyle hatte in seinem Sohn Adrian einen Fortführer der Sherlock-Holmes-Geschichten, dem andere sich anschlossen, darunter die Schriftsteller Loren Estleman, John Gardner und Nicholas Meyer, die ihre Romane um den Meisterdetektiv zumeist mit dem Hinweis ‚von Dr. John H. Watson, herausgegeben von . . .' veröffentlichten.

Diese Tradition, wenn es denn schon eine solche genannt werden darf, oder schlichter formuliert, dieser Brauch des Weitererzählens, Ergänzens einer bestehenden Geschichte soll nun auch hier ein ganz klein wenig gepflegt werden. Der einzige Unterschied ist, dass Doyle, um ihn als Exponenten zu nennen, eben den Dr. Watson als Wegbegleiter und fiktiven Chronisten des Meisterdetektivs erfunden hatte, während Karl May in der Mehrzahl seiner Geschichten sich eines fiktiven ‚Ich' als Erzähler und Held in einer Person bediente. Dementsprechend ist das ‚Ich', der Erzähler, auch hier immer als Karl May/Old Shatterhand/Charley zu verstehen.

I. Ein neuer Blick auf ein paar Grundlagen zu „Winnetou I"

M anchem mag es bei der Lektüre meines Winnetou, der seiner-zeit, also bald nachdem ich mein erstes Abenteuer zunächst gegen und dann an der Seite dieses Helden bestanden hatte, zuerst als Tatsachenbericht unter dem noch etwas ungelenken Titel „An Adventure in the prairie – a surveyors tale"[60] für den amerikanischen Markt anonym in der St. Louis Dispatch[61] erfolgte, bereits aufgefallen sein, wie unwahrscheinlich diese Geschichte sich doch präsentiert hatte. Mein Bericht fand zu jener Zeit allerdings wenig Beachtung, was angesichts der weitaus bedeutsameren Kriegsereignisse, die das Land in Atem hielten, nicht weiter verwunderlich war, und wurde allem Anschein nach nur zu bald vergessen, von dramatischeren Ereignissen überholt und überrollt, welche die ganze Nation in ihren Bann schlugen und auch den überwiegenden Rest der Welt, wenn auch hauptsächlich aus der Ferne, emotional bewegten.

Die Familie, bei der ich mich während meiner kurzen Betätigung als Lehrer, bevor ich umständehalber erneut Schüler (zunächst mit Sam Hawkens, später dann mit Winnetou als Lehrer) wurde, auch in Kost und Logis befand, war nämlich nicht irgendeine, sondern die des deutschen Schwiegersohns des Direktors der Atlantic & Pacific-Railway Company gewesen. Noch über meine Tätigkeit als Hausleh-

---

[60] etwa „Ein Abenteuer in der Prärie – Erzählung eines Landmessers" (Übersetzung des Herausgebers)

[61] vom 1847 auf dem Boden der späteren k. & k. Monarchie (1867-1918) in Ungarn geborenen bedeutenden Zeitungsmann Joseph Pulitzer (+1911) aufgekauft und mit der St. Louis Post zur St. Louis Post Dispatch vereinigt. – Pulitzers Name ist freilich besser bekannt durch die Preise für herausragende Leistungen auf verschiedensten Gebieten der Literatur, die laut testamentarischer Bestimmung seit 1917 jährlich verliehen werden [übersetzt, verkürzt und zusammengefasst durch den Verfasser aus An Encyclopedic Dictionary of American History von Howard L. Hurwitz (New York, 1974)]

rer hinaus war ich dort angenehm aufgefallen, weil ich bei verschiedenen, an sich unbedeutenden Gelegenheiten einigen Scharfsinn gepaart mit Tatkraft beweisen hatte können, und es mir so vergönnt gewesen war, die Familie vor dem einen oder anderen, wenn auch eher kleineren Ungemach zu bewahren. Auch hatten die Söhne ihren Eltern wohl davon berichtet, dass wir die Unterrichtsstunden speziell in Mathematik und Geometrie weniger mit theoretischer Belehrung in der Stube als vielmehr mit Feldmessungen im freien Gelände verbrachten, was ihrem Interesse an noch kindlichem Spiel einerseits und bereits erwachender Abenteuerlust sowie dem Drang, ihre jugendlichen Kräfte zu messen und sich schon männlich zu bewähren andererseits doch recht weit entgegengekommen war, ohne dass mir die Ausbildung nun zu einem reinen Abenteuerspiel verkommen wäre. Auch Tier- und Pflanzenkunde unterrichtete ich nach Möglichkeit direkt am Objekt in der freien Natur, so weit sich das überhaupt bewerkstelligen ließ. Auf diese Art schloss ich auch schon früh Bekanntschaft mit dem Pferdehändler und Besitzer des Mietstalls, von dem ich später dann meinen Rotschimmel bekommen sollte. Diese Art des Unterrichts, wie ich sie da wohl erstmalig zumindest für mein gegenwärtiges Umfeld praktizierte, unterschied sich so grundsätzlich von dem, was ihre Altersgenossen aus ihren Schulstunden zu berichten wussten, dass ich bei meinen Schülern, aber auch deren Eltern, bald ein ganz besonderes Ansehen genoss. Mein offenbar angeborenes Geschick mit Waffen hatte zusammen mit der Treffsicherheit und der Körperkraft, wie ich sie Mr. Henry gegenüber beweisen konnte, und zudem der Art, wie ich des Rotschimmels Meister geworden war, in meiner Umgebung zu dem Entschluss mit beigetragen, dessen Ausführung dann an jenem für mich durchaus denkwürdigen Tag seinen Anfang nahm, als ich erstmals dem kauzigen alten Scout und Fallensteller Sam Hawkens gegenübertrat. - Wer meinen „Winnetou, der rote Gentleman" gelesen hat, weiß, wovon ich rede.

Aber warum hatte man, gewissermaßen aus heiterem Himmel heraus, ausgerechnet mich, einen x-beliebigen Hauslehrer, der noch dazu erst vor kurzem aus der alten Welt über den großen Teich gekommen war, trotz aller seiner möglichen Vorzüge und der bestandenen Prüfung, zu der Mr. Henry mich geschleppt hatte, so Knall auf Fall verpflichtet und bestimmt, als zusätzliches Mitglied eines an sich vollständigen Vermessungstrupps, der sich ansonsten aus gut aufeinander eingespielten alten Bekannten ähnlicher früherer Unternehmungen rekrutierte, in den Westen zu gehen? Anders als ich es unter dem Druck gewisser Rücksichten und Zwänge sowie der vorherrschenden Verhältnisse wegen damals darstellen hatte können, waren Bancroft, Marcy, Riggs und Belling (eigentlich ja Wheeler) beileibe nicht die Versager, als die zu schildern ich mich gezwungen gesehen hatte – diese Zeilen sind somit auch als eine Art Ehrenrettung für meine damaligen Gefährten gedacht. Auch unser „Schutztrupp" und sein Anführer Rattler waren keine so abgrundtief bösen Gesellen, geradezu Ausgeburten der Hölle, wie es dem Leser damals erschienen sein mag. Das ändert freilich nichts an der Tatsache, dass sie dem Teufel Alkohol übermäßig zugetan waren – wenn sie auch einen ganz gehörigen Stiefel vertrugen, wie man so sagt – und Klekih-petra durch die Kugel Rattlers starb, ebenso dass Letzterer und ich das eine oder andere Mal aneinander gerieten und dabei auch handgemein wurden, ganz so, wie ich es beschrieben habe. Sie waren ungeschliffen und roh, und meine Kollegen hatten die Arbeit gewiss nicht erfunden, aber speziell Letztere taten innerhalb eines gerade noch vertretbaren Rahmens durchaus ihre Pflicht. Sie generell und ausschließlich als trinkfest und arbeitsscheu abzutun, das überstieg eigentlich das Maß des Gerechtfertigten bei weitem. Mir jedoch half diese Darstellung, um von dem abzulenken, was wirklich der Sinn und Zweck meiner Anwesenheit draußen in der Weite der Prärie gewesen war. Noch lebten zur Zeit der ersten US-Veröffentlichung speziell dieses Teils meiner Erinnerungen nämlich zu viele, denen ich mit einer wirklichkeitsnäheren Schilderung der Ereignisse eventuell auf die Zehen getreten wäre und mehr oder weniger große Unannehmlichkeiten bereitet hätte, die dann vielleicht auch auf mich zurückfallen hätten können. Nicht dass ich etwaige direkte tätliche Folgen für meine Person an sich gefürchtet hätte, ich hätte mich meiner Haut im Bedarfsfall schon zu wehren gewusst, aber ich musste auch an die armen alten Eltern zu Hause denken, die auf meine, wenn auch geringe, materielle Unterstützung durchaus angewiesen waren und denen ich auch nicht den Kummer bereiten wollte, eines unbedachten Wortes wegen in diesen unzivilisierten Weiten auf die eine oder andere Art für immer verloren zu gehen. Später, als die Verhältnisse sich wieder geändert hatten, folgte ich dem alten Journalistenbrauch, nicht die Wahrheit, sondern die Legende abdrucken zu lassen, wenn die sich gewissermaßen als eine Art höhere Wahrheit entpuppt hatte. Erst jetzt, da besagte Verhältnisse eben wiederum andere geworden sind, auch viele der Beteiligten nicht mehr leben, kann ich es wagen, die Vorgänge so wiederzugeben, wie sie sich damals in Wahrheit ereigneten.

Tatsächlich waren zu jener Zeit nämlich in St. Louis in der Zentrale der Eisenbahngesellschaft, beinahe in der letzten Minute vor dem Aufbruch des Vermessungstrupps, dem ich anschließend dann zugeteilt werden sollte, Hinweise eingetroffen, dass es sich bei der Person des Oberingenieurs White, der dazu bestimmt war, die Abteilung nach der Bancrofts zu übernehmen, trotz seiner guten Zeugnisse und eines ebensolchen Leumunds um eine etwas zweifelhafte Person handeln sollte, was zu Besorgnis Anlass gab. Einiges deutete darauf hin, dass er eine Art Doppelleben führte und dabei auch Verbindungen zu mehr oder minder verbrecherischen Kreisen, so genannten Comancheros[62] pflegte - wobei man ihn seiner später zutage getrete-

---

[62] mexikanisch-amerikanische Händler, die vorzugsweise mit den Comanchen einen mehr oder weniger illegalen Handel trieben, gestohlenes Gut (vor allem Pferde und Rinderherden) im Tausch gegen Brandy, Gewehre und Munition aufkauften und zwischen US-Armee und Indianern als Verhandlungspartner für den Loskauf von weißen Gefangenen und Sklaven – meistens Frauen und Kindern – auftraten. Manche Comancheros bedienten sich, um ihren Handel zu forcieren, recht krimineller Praktiken: so gaben sie den Indianern Tipps, wo man Gefangene machen sowie Pferde und Rinder stehlen konnte, kauften die Beute auf und gaben sie dann den Geschädigten gegen hohes Entgelt wieder zurück [(H.J.Stammel „Der

nen (Geschäfts-) Verbindung zu Tangua wegen aber eher einen Kio-wanero oder so etwas Ähnliches nennen hätte müssen. Sehr viel spä-ter erfuhr ich, dass diese Informationen von zwei unabhängig vonein-ander ermittelnden Detektiven, Mitarbeitern verschiedener Agentu-ren, kamen, denen ich viel später auch noch begegnen sollte, und die beide noch heute zu meinem Bekanntenkreis zählen. Ich spreche hier von meinem Landsmann Sebastian Melchior Pampel, der auf der Prärie unter seinem Kriegsnamen „Tante Droll" bekannt war, und von „Fat Fred Walker"/„dem dicken Fred Walker", der ja auch aus St. Louis kam. Fred und Droll lernte ich erst Jahre später persönlich kennen, Fred tatsächlich erst bei meinem letzten Abenteuer an Win-netous Seite. Da der Aufbruch damals aber eben schon kurz bevor-stand, war es für eine Umgruppierung bzw. Neubesetzung von Whi-tes Posten bereits zu spät. Nur ein unvoreingenommener, tatkräftiger Mann mit klarem Blick und zumindest etwas Fachverstand, von dem man zudem auch unbedingte Zuverlässigkeit und Treue seinem Ar-beitgeber gegenüber erwarten konnte, war imstande, diesen Ver-dachtsmomenten vor Ort auf den Grund zu gehen. Den glaubte man nun gerade in mir gefunden zu haben. Meine Tarnung als zusätzli-cher Surveyor und als Greenhorn, das ich ja tatsächlich war, auch wenn ich es damals nach Art vieler Greenhorns natürlich nicht wahr-haben wollte, war geradezu perfekt, um White unauffällig auf die Finger sehen zu können. Allem Anschein nach ganz zufällig schloss ich also auftragsgemäß draußen in der Prärie nähere Bekanntschaft mit ihm, nachdem ich die Rolle des Botengängers zwischen seiner und Bancrofts Gruppe ebenso zufällig übertragen bekommen hatte. Anlässlich seines Besuchs bei uns, von dem wir glücklicherweise etwas im Voraus erfahren hatten, spielten wir ihm dann eine kleine halb-ernste Komödie vor, um zu verhindern, dass er vielleicht doch noch Verdacht schöpfte und misstrauisch wurde. Im Übrigen führte ich Aufzeichnungen über alles, was mir auffiel und ich so über ihn

Cowboy", Reinbek b. Hamburg 1972) sprachlich vom Verfasser des Aufsatzes ein klein wenig verändert]

hörte und versteckte auch sie in meiner alten Tabaksbüchse (Welcher unfähige Verlagsmitarbeiter in der Heimat hat daraus dann eigentlich eine Sardinenbüchse gemacht, in der meine Notizen doch nur fettig und unleserlich geworden wären? - Tatsächlich war es aber doch so, dass May selbst von einer „Sardinenbüchse" geschrieben hatte, was durch das geistesgegenwärtige Einwirken eines offenbar alles andere als „unfähigen" Mitarbeiter des Verlags sich dann in „Tabaksbüchse" wandelte), wo sie im Weiteren auch Bekanntschaft mit Winnetous Haarsträhne schlossen, noch bevor diese Büchse Winnetous Messer von meinem Herzen weg zu meinem Hals lenkte. Das Schicksal wollte es freilich nicht, dass ich meinen Auftrag zu Ende führen konnte. Zunächst waren da ja die Überfälle, bei denen zum einen die Gruppe Bancroft bis auf das Kleeblatt und mich durch die Apatschen, sowie zum anderen der, durch den die Gruppe White, Letztere wohl, wenn auch ohne ihren Namensgeber, durch ihre vorherigen Waffenbrüder vollständig ausgelöscht wurden, dann die Zeitspanne, bis ich wieder in den Osten zurückkehren konnte und schließlich der Sezessionskrieg, der wohl alle möglicherweise noch vorhandenen Spuren vernichtete, auch wenn die Kampfhandlungen nie das Gebiet erreichten, in dem wir gearbeitet hatten, ja kaum jemals auch nur den „Vater aller Ströme" überschritten. White mochte, nachdem er sich ein letztes Mal in St. Louis hatte sehen lassen, um seinen sicher sehr scheinheilig gehaltenen Bericht abzuliefern, als Genieoffizier auf der einen oder anderen Seite der Bürgerkriegsparteien gedient oder sich nach Kalifornien in die Goldfelder abgesetzt, vielleicht auch an anderen Orten und unter anderem Namen wieder als Vermessungsingenieur für die eine oder andere Eisenbahnlinie gearbeitet haben, was weiß ich. Bewusst bin ich ihm in den vielen Jahren meines bewegten Wanderlebens in Amerika, das ja mit Winnetous Tod bzw. der Heimholung der Silberbüchse ein paar Jahre später ihr vorläufiges jähes Ende gefunden hatte, nicht wieder begegnet, wenn ich auch die grundsätzliche Möglichkeit gar nicht ausschließen will, dass wir irgendwo, irgendwann einmal unerkannt aneinander vorübergegangen waren.

Ein wenig ärgerte ich mich freilich auch stets darüber, dass gerade dieser Schuft es war, der den Ehrennamen geprägt und dann als Erster dritten gegenüber auch ausgesprochen hatte, unter dem ich in der Folge bald ein allseits geachteter Wanderer unter den indianischen Stämmen und auch bei vielen, ja den meisten anderen sesshaften und nichtsesshaften Bewohnern des Westens geworden bin. Ein Name, wie ja wohl nicht besonders erwähnt werden muss, auf den ich mindestens ebenso stolz war und bin wie mancher alte Haudegen neben den Spuren seiner Blessuren auch auf seine Orden und anderen Ehrenzeichen!

II. Old Firehand

– ein zusammenfassender Rückblick auf das Leben eines Helden

Viele meiner Kampf- und Schicksalsgefährten vergangener Tage haben leider bereits ihr Ende gefunden. Ohne nun mit einem jeden von ihnen eine Korrespondenz gepflegt zu haben, die mich im aus ihrer Sicht auch gedanklich so fernen Europa auf dem neuesten Stand ihrer Dinge und darüber hinaus auch der Vorgänge in den Weiten des Westens an sich gehalten hätte, hatte sich doch zwischen ihnen und mir eine Art spiritueller Verbindung ergeben, die mich spüren oder zumindest erahnen ließ, wenn etwas Grundlegendes sich geändert hatte – ein Gefühl, das sich über eine Zeitungsnotiz oder eine Nachricht eines der wenigen Briefschreiber unter meinen alten Bekannten dann meist auch bald bestätigte.

Old Firehand hatte, wie mir bekannt war, die Oberaufsicht der Ausbeutung der Edelmetallfunde am Silbersee nach ein paar Jahren an seine Tochter und deren Gemahl übergeben. Ellen war ihrem Vater wenige Jahre nach dem großen Abenteuer, in dessen Verlauf die Tramps ja auch ihr unbeweintes, schmähliches Ende gefunden hatten, an den Silbersee gefolgt, hatte Kleiner Bär kennen und lieben gelernt und indianischem Brauchtum ebenso wie christlichem Gebot entsprechend geheiratet, wobei er dann auch den Namen Winter angenommen hatte.

Die andere Ellen, Ellen Butler nämlich, war ebenfalls rund fünf Jahre nachdem sie sich kennen gelernt hatten, mit Fred Engel den Bund fürs Leben eingegangen. Kleiner Bär[63] hatte das anfangs zwar fast

---

[63] Ihn hatte sie zwar an Bord der Dogfish noch vor Fred Engel kennen gelernt, er hatte ihr dort auch das Leben gerettet, nach der Episode im Lager der Rafters aber hatte sie ihn zunächst aus den Augen verloren, womit für den Rest der Fahrt zum Silbersee als Einziger in etwa gleichaltriger Gefährte Fred da gewesen war, so dass sich ganz selbstverständlich mit

das Herz gebrochen, bis er dann zu seiner Ellen gefunden hatte, aber ähnlich wie Winnetou viele Jahre vorher für Ribanna, so war der Kleine Bär ihr und der jungen Familie Engel jetzt ein treuer Freund und ihren Kindern dann auch eine Art lieber Onkel geworden, so wie Fred Engel es umgekehrt auch ihm und seiner Familie zumindest dem Namen nach bald war. Anfangs hatte es bei den häufigen gemeinsamen Treffen stets leicht scherzhafte Probleme gegeben, welche Ellen denn nun gerade gemeint sei, wenn so ganz allgemein nur der Vorname gefallen war, bis sich dann im privaten Gebrauch für Old Firehands Tochter neben „Mrs. Winter" auch der Name „Mrs. Bär", oder familiärer und vertrauter noch, die Bezeichnung „Tante Bär" eingebürgert hatte.

Harry (eigentlich Harald) Winter hatte den Wiederaufbau von New Venango in die Wege geleitet und ganz selbstverständlich auch zu einem jedermann zufrieden stellenden guten Ende geführt. Man erinnert sich, dass Annie, die Tochter aus Old Firehands erster Ehe, Harrys und Ellens Halbschwester also, mit Emery Forster, dem Sohn des gleichnamigen Ölprinzen, in dessen Auftrag das eher zufällig entdeckte Ölfeld erschlossen worden war, die kinderlos gebliebene Ehe eingegangen war. Zusammen mit ihrem Mann und dessen Eltern war sie in dem Brand von New Venango ums Leben gekommen, aus dem es mir vergönnt gewesen war, Ellen zu retten. Die meinem Empfinden nach etwas übertriebene Schwärmerei, welche diese daraus für mich abgeleitet hatte, war spätestens dann verflogen, als sie Kleiner Bär kennen und lieben gelernt hatte. Anders als Vater und Sohn Forster, die trotz ihrer deutschen Wurzeln nur zu schnell zwei echte Yankees in des Wortes übelster Bedeutung geworden waren und ihr ungeteiltes Augenmerk nur auf die rücksichtslose Steigerung ihrer

---

ihm die größere Vertrautheit entwickelt hatte. Dann noch sein Auftritt bei ihrer Ankunft am Silbersee, wo er in übertriebener Höflichkeit und unter Nachäffung der Sitten des weißen Mannes den Hut vor ihr zog und ihr die Hand küsste – von da an konnte sie ihn bei aller Dankbarkeit, die sie ihrem Lebensretter gegenüber empfand, nicht mehr so richtig ernst nehmen.

Profite gerichtet hatten, war Harry als wahrer Sohn seines Vaters selbstverständlich eine ehrliche Haut, darüber hinaus, was sich in diesem Zusammenhang von selbst versteht, auch ein arbeitsamer Mensch mit einer glücklichen Hand nicht nur für sein Geschäft, sondern nahezu alles, was er anfasste, und so blühte der Betrieb bald wieder auf und warf seinem nunmehrigen Besitzer dann auch eine ansehnliche, stetig anwachsende Rendite ab, von der es sich zunächst behaglich, in späteren Jahren dann sogar üppig leben ließ, wie man mir sagte. Auch sein Privatleben entwickelte sich, soweit ich darüber informiert bin, durchaus in diesem Sinne. Er gehört zu den ganz wenigen aus meinem engeren und auch weiteren überseeischen Bekanntenkreis, denen es gelungen ist, in geschäftlichen und privaten Dingen mit einem untrüglichen Gespür bis auf den heutigen Tag stets die richtigen Entscheidungen zu treffen und so von Erfolg zu Erfolg zu eilen. Als ehrlicher Handelsmann und weltoffener Mensch überhaupt erfreut er sich nicht nur unter seinen Geschäftspartnern weit und breit allgemein höchster Wertschätzung.

Old Firehand selbst hatte mit ein paar Gefährten versucht, das alte Trapperleben wieder aufzunehmen, was seinem Naturell mehr entsprach, dabei aber bald erkennen müssen, dass die Zeit für einen derartigen Broterwerb seit langem schon endgültig abgelaufen war. Dieser Umstand bedrückte ihn jedoch nicht sonderlich, hatte er doch eh nur einen Weg, eine Ausrede gesucht, wieder seiner früheren Wege zu gehen, der alten Jagdleidenschaft erneut ausschließlich und ausgiebig frönen zu können. Daneben hatte er aber sogar einen Händler aufgetan, der die Pelze immer noch annahm, wenn sie nun auch anderen Zwecken als ehedem dienen mochten, wo man das Biberhaar zur Zylinderfertigung benötigte. Zusammen mit Sam Hawkens, Dick Stone und Will Parker sowie noch ein paar Männern hatte er sich dazu in das ehemalige Versteck am Mankizita zurückgezogen gehabt, wo sie ihrer früheren Berufstätigkeit jetzt nur noch zum Zeitvertreib und um der alten Zeiten willen nachgingen – nenn es ruhig Nostalgie, die Sehnsucht, die Zeiten der längst vergangenen Jugend noch einmal zu durchleben. In einem Augenblick der Unachtsamkeit aber waren sie einem Trupp marodierender Herumtreiber zum Opfer gefallen, die den gleichen Zugang benutzt hatten wie vormals schon Tim Finnetey und seine Poncas. Ihr alles andere als ruhmreiches Ende hatte sie wenigstens noch einigermaßen gnädig im Schlaf überrascht, wo sie von ihren Mördern allem Anschein nach gnadenlos abgeschlachtet und ausgeraubt worden waren. Harry, Kleiner Bär und auch Fred Engel hatten sich mit ein paar weiteren Gefährten daraufhin zu einer privaten Mörderjagdgesellschaft, einer Art unautorisierter Posse, zusammengeschlossen, waren ihrerseits aber erfolglos geblieben, da diese Verbrecher bald ein ähnliches Schicksal ereilte wie jene Tramps um Brinkley, den roten Cornel, mit denen Old Firehand selbst es auf dem Weg zum Silbersee zu tun bekommen hatte. Im Grunde waren sie sogar froh, dass es zu einer formaljuristischen Auseinandersetzung gar nicht gekommen war, denn ihre Argumente und Beweise waren dürftig und gering, recht viel mehr als einiges jeden Westmann jenseits aller Bedenken überzeugendes, einen Sheriff, Marshall oder sonstigen Gesetzesvertreter aber immer noch zweifeln lassendes hätten sie nämlich nicht vorzuweisen gehabt. Andererseits hätten sie sich selbst aber auch nicht durch einen Akt der Selbstjustiz außerhalb von Recht und Gesetz stellen wollen. Als zwar raue Gesellen, die bei Bedarf mit der Waffe schnell zur Hand waren, im Grunde ihrer Herzen aber auch aufrichtige, geradlinige Männer des Westens, echte Frontiersmen und Präriejäger eben, wussten sie ja nur zu gut, wie schmal der Grat zwischen Gesetzestreue und Gesetzlosigkeit ist.

Ellen Winter war mir aus alter Zuneigung und Dankbarkeit heraus, nachdem jene erste Schwärmerei in ruhigere, mir sympathischere Kanäle gefunden hatte, eine genaue und getreue Berichterstatterin all dieser Vorgänge gewesen. Sie hatte mir, der ihr auch als Sammler von Erinnerungsstücken aus jener Zeit bekannt war, neben der Pistole, die ihrer Mutter den Tod gebracht hatte, auch Sam Hawkens' alte Liddy zugesandt, die ihrer schon recht eigenwilligen Form wegen als

Waffe wohl gar nicht mehr erkannt und als eines der wenigen Über-
bleibsel am Ort des Massakers im früheren Hide-spot liegen geblieben war.

Über den Gedanken an Old Firehands, oder genauer gesagt Friedrich
Winters, wie sein bürgerlicher Name in Deutschland ursprünglich ja
gelautet hatte, letzte Tage kam mir jetzt auch wieder ins Gedächtnis,
was er mir einmal am Lagerfeuer von seiner Herkunft und seinen
Ursprüngen, seinem Leben im Land der unbegrenzten Möglichkeiten
überhaupt erzählt hatte, sowie dem, was davor gewesen war und ihn
letzten Endes als noch jungen Mann über den Atlantik bis in die
schier unermesslichen Weiten des Westens geführt hatte:

Als ganz junger Mann, kaum mehr als ein Knabe, früh verwaister
Sohn eines abhängigen Bauern, war er von dem Adeligen, in dessen
Diensten schon seine Eltern und auch deren Vorfahren in Deutschland gestanden hatten, seiner Anlagen und offenkundigen Neigungen
wegen zum Jäger ausgebildet worden. Am Rande der revolutionären
Unruhen des Jahres 1848, er selbst zählte damals um die 25 Jahre,
war sein Dienstherr unter ungeklärten Umständen durch eine Gewalt-
tat ums Leben gekommen, und wenn ihm selbst auch keinerlei Ver-
wicklung darin vorgeworfen werden konnte, er auch allgemein als
offener, ehrlicher, revolutionären Umtrieben abholder, friedliebender
Charakter bekannt war, hatte man es angesichts der politisch aufge-
heizten Situation seiner Sicherheit wegen dennoch für geraten betrachtet, ihn mitsamt seiner Familie, seiner hochschwangeren Frau
und ihrem gemeinsamen kleinen Sohn also, ins Ausland, am besten
gleich über den großen Teich zu verbringen. So kam es, dass er, ohne
in irgendeiner Art Schuld auf sich geladen zu haben, in eine Art vor-
sorgliche Verbannung geschickt wurde. Nie wieder sollte er in den
folgenden Jahrzehnten europäischen Boden betreten. Seine und seiner Angehörigen Verschickung nahm einer der in dieser Beziehung
ebenso aktiven wie auch zuverlässigen und tüchtigen Adelsvereine in
die Hand, die auch drüben ihre Gewährsleute hatten. Sein Unglück

149

wollte es, dass seine Frau, die wenige Tage nach der Abreise, fast auf den Tag genau drei Jahre nach der Geburt des Sohnes, der Eberhard getauft worden war, nun eigentlich etwas zu früh Mutter eines Mädchens wurde, das den Namen Anna bekam, die Mutter die Überfahrt in ihrem durch die Geburt geschwächten Zustand aber nicht überlebte. Da stand er nun mit seinen kleinen Kindern, ohne eine Arbeit, um sich und sie am Leben erhalten, ja nicht einmal mit genügend Englischkenntnissen, um sich nach Arbeit und einer Unterkunft umsehen zu können. Hier griff jener Adelsverein nun wiederum hilfreich ein und vermittelte ihm, der bei einigen Schießwettbewerben während der Überfahrt und auch bereits seit seiner Landung in New York sein Geschick in der Beziehung und seine Treffsicherheit gezeigt und unter Beweis gestellt hatte, eine Anstellung im deutschstämmigen, wenn auch aus der nachmalig österreich-ungarischen k. u. k. Doppelmonarchie stammenden, Hause Forster. Des späteren älteren Ölprinzen Emery (ursprünglich Emerik Moses) Forsters Frau war vor kurzem ebenfalls mit einem Knaben niedergekommen und hatte nach alter europäischer Sitte als Frau eines gut situierten Kaufmannes sich eine Amme ins Haus geholt, die sich nun auch der Kinder des jungen Mannes annahm. Der kleine Eberhard, in den Vereinigten Staaten von Amerika bald Hardy genannt, und seine kleine Schwester wuchsen in der Familie auf, da ihm jedoch, wie sich Jahre später herausstellen sollte, das Abenteuer- und Jägerblut seines Vaters vollständig fehlte, machte er sich nach Beendigung seiner Schulzeit im Hause Forster vor allem im geschäftlichen Bereich, Ein-, Verkauf und Buchhaltung nützlich, wodurch er dann bald zum Leiter von dessen Filiale in der Stadt Omaha wurde, bevor er noch eine ganze Reihe von Jahren später, als ihm nach dem Tod der gesamten Familie Forster über seinen Vater das Forster'sche Erbe zugefallen war, die Leitung der Geschäfte des Handelshauses insgesamt übernehmen sollte. Die Firma änderte ihren Namen nicht, sondern hieß weiterhin Forster, wenn auch Hardy dem ein „Inh. Winter" hinzufügte.

Forster sen. selbst war um die Zeit der Entdeckung von New Venango noch gar nicht in der Öl-Branche tätig, versuchte seine Hand jedoch in so ziemlich allem, was jenseits der Indianergrenze Erfolg und Gewinn versprach, ob das nun Goldsuche, der billige Erwerb von Farmland, das er später dann mit Vorliebe an seine ehemaligen Landsleute, die ihn einstmals seines Glaubens wegen aus der Heimat vertrieben hatten, stark überteuert weiterverkaufte, der wie damals größtenteils üblich betrügerische Handel mit den Eingeborenen oder die bereits anhebende gewerbsmäßige Büffeljagd war. Ein im europäischen Sinn gut ausgebildeter berufsmäßiger Jäger kam ihm da gerade recht. Dieser erwies sich sogar als besonders tüchtig und wagte sich auch immer weiter ins Indianerland vor, oft ganz auf sich allein gestellt, gelegentlich auch mit einem Trupp weiterer eigens für diese Unternehmungen angeworbener Jäger. Aus dieser Gruppe kristallisierte sich im Laufe der Zeit dann immer mehr ein harter Kern heraus, der in der Folge bald zu einer festen Truppe um ihn wurde, in deren Mittelpunkt neben ihm selbst, ihm untergeordnet, noch drei Jäger standen, an der Spitze ein Deutscher, untereinander so eng befreundet und schier unzertrennlich, dass man sie nur das Kleeblatt nannte, und die bei Gelegenheit auch der Army als Scouts dienten. Jenseits der Grenze erhielt er von den Eingeborenen seiner großen Treffsicherheit wegen bald den Kriegsnamen Old Firehand.

Schnell begannen nun auch andere Unternehmer und Pelzhändler, darunter auch John Jacob Astors Gesellschaft, sich für diesen Jäger zu interessieren. Forster erkannte die Notwendigkeit, ihn noch fester an sich zu binden, wenn er ihn nicht an die Konkurrenz verlieren wollte, und bot ihm eine Geschäftsbeteiligung als gleichberechtigter Partner an, die von ihm auch akzeptiert wurde und sich viele Jahre später dann als Folge der bereits angesprochenen Ereignisse heraus eben auf seinen Erstgeborenen übertrug.

Zum Handelsmann in einem Kontor freilich nicht geboren, ging er weiterhin auf sehr ausgedehnte lange Jagdzüge, die ihn oft wochenlang von den Städten, der Zivilisation des Ostens fernhielten. Dabei folgte er eines Tages einem Damhirsch ins Unterholz, verlor das Tier selbst zwar aus den Augen, konnte aber immer noch erkennen, wo Bäume und Sträucher sich bewegten und ihm so den Verbleib des Wildes anzuzeigen schienen. Schließlich hob er dann die Büchse an die Schulter, und sein Ziel war sicher wie immer. Als sich auf diesen Schuss hin jedoch ein seiner Natur nach sehr menschliches, ihm selbst allerdings recht unmenschlich dünkendes Wutgeheul erhob, erschrak er doch auf das heftigste. Plötzlich sah er sich von wie aus dem Boden geschossenen empörten Eingeborenen umringt, die ihn im Nu so eng umschlossen, dass allein der Überzahl wegen schon der Gedanke an eine Gegenwehr oder Flucht gar nicht möglich war, sondern allenfalls einem Selbstmordversuch gleichgekommen wäre. Sie fassten ihn fest an den Armen und brachten ihn, ohne ihn zu entwaffnen oder gar zu fesseln, zu ihren Zelten. Sein Gewehr war abgeschossen und nicht neu geladen, sein Jagdmesser hätte ihm nur wenig genützt, eine Pistole oder eine andere Waffe führte er nicht bei sich. Im Indianerlager angekommen erfuhr er dann, dass es sich um Krieger vom Stamme der Assiniboins handelte, die ihr festes Lager innerhalb eines Bereichs mit einer Vielzahl allem Anschein nach stehender Gewässer an dem einzigen dortigen Wasserlauf mit dem treffenden französischen Namen Eau qui court, also Wasser, das fließt, verkürzt Quicourt, aufgeschlagen hatten. Es stellte sich nun heraus, dass es eben keineswegs der Hirsch, wie angenommen, sondern ein Jäger ihres Stammes war, den seine Kugel tödlich getroffen hatte. Als ein angesichts der obwaltenden Umstände eher makaberer Witz am Rande des guten Geschmacks mochte noch gelten, dass der Krieger, der da unwissentlich und auch ganz gegen Firehands Willen seiner Kugel zum Opfer gefallen war, in seinen jüngeren Jahren auch einmal den Namen Röhrender Hirsch getragen, Firehand also tatsächlich, wenn auch nur im übertragenen Sinn, einen Hirsch erlegt hatte. Er versuchte sein Möglichstes an Überzeugungskraft, um seinen Häschern klar zu machen, dass dies nicht seine Absicht gewesen sei und er den unglückseligen Treffer außerordentlich bedaure, al-

152

lein, man schenkte ihm keinen rechten Glauben. Immerhin kam man ihm so weit entgegen, dass der Frau, die seine glücklose Kugel zur Witwe gemacht hatte, freigestellt wurde, ihn zu ihrem Arbeitssklaven zu machen, für den Fall, dass kein anderer Interessent für seine Person sich finden sollte. Während so um seine Haut gefeilscht wurde, fiel ihm auf, dass er nicht der einzige Gast in diesem Lager war. Er erkannte zwei Krieger, ihrer so ganz unterschiedlich gearteten Erscheinung und Aufmachung nach offenbar Angehörige fremder Stämme, die abwechselnd oder gelegentlich auch beide gleichzeitig auf einen älteren Mann einredeten, allem Anschein nach den Häuptling des Dorfes. Zu dessen Linker und nur ein wenig hinter ihm saß eine mehr als attraktive junge Frau, welche das zwanzigste Lebensjahr schon erreicht haben mochte, möglicherweise also das Objekt des Interesses oder aber auch der Begierde, des Begehrens beider Männer. Der eine davon war ein schon etwas zerknittert wirkender Krieger, der unter seiner martialischen Bemalung nur wenige indianische Züge aufzuweisen schien, allem Anschein nach mehr als doppelt so alt wie das Mädchen, der andere noch etwas jünger als diese und dem sonnengebräunten Äußeren nach, das sich auf seinem Gesicht und den Händen wie ein zarter Bronzehauch präsentierte, einem der südwestlichen Stämme angehörend. Wurde da eine Hochzeit geplant? Die Blicke des Gefangenen und des Mädchens streiften einander und versenkten sich schließlich ineinander, wobei die Augen der jungen Frau wie in einem plötzlichen Entschluss aufleuchteten. Ein schelmisches Lächeln glitt über ihr feines Gesicht, dann erhob sie ihre Stimme in einem glockenhellen Sopran über die der Umstehenden und sagte, als gerade einmal etwas Ruhe eingekehrt war, die Stimmen sich nur mehr wie ein unterschwelliges Gemurmel vernehmen ließen:

„Zwei Krieger haben sich bei uns eingefunden, die mich von meinem Vater zum Weibe begehren. Der eine ist Parranoh, ein berühmter Krieger und Häuptling der Poncas, unserer nächsten Nachbarn, wenn auch nicht aus ihrem Stamme gebürtig. Meine Achtung gebührt ihm,

153

weil er sich alles, was er jetzt ist und darstellt, selbst erringen musste. Seit er bei uns ist, haben wir viele und lange Gespräche miteinander geführt, wobei ich ihn aus seinem eigenen Mund als einen tapferen Krieger und erfolgreichen Jäger kennen lernte, mein Herz aber konnte nicht zu ihm finden. Auch mit dem anderen, Winnetou, dem Sohn des berühmten Intschu Tschuna, Häuptling der Mescalero-Apatschen, habe ich oft und ausführlich lange gesprochen, wobei mein Herz eher bewegt wurde, doch scheint die Art seines Stammes so sehr unterschieden von der, in der ich aufgewachsen bin, dass ich meine Heimat, in der wir von Bächen, Flüssen und Seen umgeben sind, nicht gegen die offenbar wasserarmen Gegenden eintauschen möchte, die er sein Zuhause nennt. Müsste ich nur zwischen den beiden wählen, würde ich dennoch mit ihm in den Süden gehen. Mein Vater aber hat mir vollständig freie Wahl gelassen, für wen auch immer ich mich entscheiden sollte. Ich habe diese Entscheidung nun getroffen. Dieser weiße Jäger da soll der Vater meiner Kinder werden."

Bei diesen Worten deutete sie auf den gerade erst von ihren Stammesbrüdern recht unsanft in das Lager geschleppten Mann, der weniger ein sanftes Brautbett erwartet als vielmehr eine letzte blutige Ruhestätte für seinen irdischen Leib befürchtet hatte.

Die Enttäuschung darüber, dass keiner von ihnen, sondern ein dritter, der aus ganz anderen Gründen nur rein zufällig gerade anwesend war und keineswegs, wie sie selbst, ein Gast des Dorfes genannt werden konnte, nun der Erwählte sein sollte, zeigte sich ganz unterschiedlich auf den Gesichtern der beiden Brautwerber. Der Jüngere blickte ein wenig traurig drein, resigniert vielleicht, dass er selbst nicht das Rennen um die Hand der schönen jungen Häuptlings-Tochter gemacht hatte, der Ältere dagegen zeigte nichts als eine plötzlich aufspringende rasende Wut in seinen Zügen. Abrupt und ohne ein Wort des Abschieds erhob er sich, drehte sich auf dem Absatz um, war mit zwei Schritten bei seinem Reittier, schwang sich auf dessen Rücken und preschte so heftig davon, dass einige der umstehenden Krieger dabei mit Kot bespritzt wurden, was diese aber mit großem Gleichmut hinzunehmen schienen. Ihre Gesichter jedenfalls zeigten keinerlei Regung, während sie den Schmutz von ihren Gewändern klopften. Kurz darauf erhob sich dann auch Winnetou, in dessen edlen Zügen nur ein stiller Schmerz zu erkennen war, um vom Häuptling seinen Abschied zu nehmen.

So kam es, dass Old Firehand sich ein zweites Mal beweibt fand, eine Ehe, die ihm viel Freude, was die Person seiner Frau, aber auch noch viel größeren Kummer bringen sollte, was die unmittelbaren und auch mittelbaren Folgen dieser Heirat betraf. Ribanna, denn sie war es, die sich für ihn anstatt für Winnetou oder Parranoh entschieden hatte, ging mit ihm, der infolge dieser überraschenden Wendung vom Gefangenen, dessen Freiheit, wenn nicht gar Leben ernsthaft in Gefahr gestanden hatte, durch Einheirat zum Stammesmitglied seiner Frau geworden war, in den Osten, nahm den christlichen Glauben an und schenkte dem Jäger binnen Jahresfrist die Zwillinge Harry und Ellen. Old Firehand liebte seine Frau herzlich, und auch Hardy und Annie, denen jegliche Erinnerung an ihre leibliche Mutter fehlte, schlossen die alles andere als böse Stiefmutter innig ins Herz. Ganz heimisch wurde sie in der Stadt freilich nie, nicht zuletzt, weil die Forsters, bei denen Frederick oder kürzer noch Fred Winter, wie er sich jetzt nannte, nach wie vor wohnte, sowie all deren sonstige Freunde und Bekannte in ihr stets nur die Indianerin sahen, die sie von vorne herein nur als unzivilisierte und nicht zivilisierbare Wilde betrachteten und auch behandelten. Folglich ging Old Firehand, ohne die geschäftlichen Verbindungen mit Forster deshalb nun zu beenden, mit seiner Frau und den beiden gemeinsamen Kindern zu ihrem Stamme zurück, wo er seinerseits nun von gelegentlich zu Besuch kommenden weißen Händlern, anderen Trappern und auch manchen Rothäuten verächtlich als ein „Squawman" bezeichnet, ja angefeindet wurde, ein Weißer somit, der nur um seine Haut zu retten eine Indianerin zur Frau genommen hatte, allgemeinem Verständnis und

Vorurteil nach also ein Opportunist und Feigling. Eine Darlegung der tatsächlichen Umstände hätte allerdings auch nur zu einem ungläubigen Kopfschütteln geführt. So verbrachten sie die Zeit ihres letzten Endes nicht sehr lange währenden Ehestandes ohne wirklich festen Wohnsitz, Wanderer zwischen zwei Welten, ohne in einer der beiden je so recht ein Zuhause finden oder auch nur richtig Fuß fassen zu können. Zu groß waren letzten Endes die Anfeindungen verständnisloser Mitmenschen und feindseliger Nachbarn hier wie dort.

Winnetou allerdings, der nie aufgehört hatte, Ribanna, der sein Herz beim ersten Blick, den sie gewechselt hatten, zugeflogen war, in aller gebotenen Zurückhaltung auch weiterhin zu verehren, wurde ihnen ein gern gesehener lieber Freund des Hauses, ihres Haushaltes, gleichgültig, wo der sich nun gerade befinden mochte, sowie jedem Mitglied der Familie ein über alle Maßen geachteter und hochgeschätzter Wegbegleiter, ein Hausfreund eben in des Wortes edelster Bedeutung. Der andere der ehemaligen Bewerber um die Hand der Rose vom Quicourt freilich nutzte eine Gelegenheit, als sowohl der weiße als auch der rote Jäger abwesend waren, entführte und ermordete sie, die ihn abgewiesen hatte, zusammen mit dem jüngsten Kind dieser Ehe. Old Firehand selbst wurde Zeuge der grausigen Szene während der in meiner „Old Firehand" betitelten Erzählung[64] geschilderten Kampfhandlungen, ohne den Mord verhindern zu können. Danach heiratete er, wie bekannt, nie wieder, besuchte gelegentlich noch seine Kinder und noch später dann auch seine Enkelkinder, einen Hausstand im bürgerlichen Sinn zumindest aber gründete er nicht noch einmal. Der beide Male so überaus tragische Verlust sei-

---

[64] später dann in einer leicht überarbeiteten Fassung als zweiter Textabschnitt in „Winnetou II" aufgenommen, wobei Ellen durch Harry ersetzt wurde, ohne dass dabei nun auch die zarten Gefühle ausgemerzt worden wären, die Ellen für einen Mann, ihren Erretter aus Feuers- und Wassersnot, schon hegen mochte, die von Harrys Seite einem anderen Mann gegenüber vor dem Hintergrund der Zeit aber völlig unangebracht, breitesten Schichten geradezu als empörend, ja skandalös erscheinen mussten – für manche ein früher Anreiz, den Autor später homosexueller Neigungen zu verdächtigen?

ner Ehefrauen, die beide in jungen Jahren aus dem Leben gerissen wurden, war ihm zu nahe gegangen, als dass er, der sonst vor keinem Wagnis zurückschreckte, noch einmal den Mut dazu fassen hätte können. Daneben sagte er sich zu Recht, dass eine Frau des Alters, das er mittlerweile erreicht hatte, sich auf ein Leben, wie er es führte und für sich auch gar nicht mehr anders vorstellen konnte, und das ihn oft wochen-, ja monatelang von zu Hause fernhielt, nicht mehr einlassen, ihm aber auch nicht in die Wildnis folgen würde, er sich andererseits jedoch der Lächerlichkeit preisgegeben hätte, wäre er einer viel Jüngeren gegenüber, auch wenn durch deren Adern vielleicht das gleiche Abenteurerblut geflossen wäre, als Freier aufgetreten. Schon der Altersunterschied zwischen ihm und Ribanna war mit mehr als fünfzehn Jahren ja nicht gerade klein zu nennen gewesen.

Viele Jahre nach der Eheschließung mit der Häuptlingstochter vom Quicourt wurden dann Anna/Annie, Firehands Tochter aus erster Ehe, und Forster junior, ihr Milchbruder, ein Paar, das von seinem Vater das gerade erst neu entdeckte, noch kaum erschlossene Ölfeld von New Venango als Hochzeitsgeschenk übertragen bekam. Dort ließen sie sich nieder, empfingen hin und wieder auch Besuch von seinen Eltern und dem einen oder anderen der Geschwister seiner Frau. Bei einer dieser Gelegenheiten, als die älteren Forsters und Ellen, wenn auch nicht deren Zwillingsbruder Harry, gerade anwesend waren, geschah es dann, dass ich sie alle kennen lernen sollte. Bei Ellens Rettung aus Feuer- und Wassersnot blieb allerdings der Ring von ihrem Finger in meiner Hand, der Ring, der mir nach meiner Ankunft am Mankizita kurzzeitig Ärger mit Harry eintrug, bis es Ellen, die ein paar Tage später auch angekommen war, und mir gelang, ihn zu besänftigen, bzw. ihm die Augen für die tatsächlichen Vorgänge zu öffnen, die er vorher offenbar nur recht verzerrt wahrgenommen hatte. Allem Anschein nach hatte er geglaubt, ich sei seiner Schwester zu nahe getreten, während oder nachdem ich ihr das Leben rettete, und der Ring, neben der ominösen Pistole, die beider Mutter getötet hatte, eines der wenigen Erinnerungsstücke an diese, sei entweder als Unterpfand einer romantischen Bindung in meine Hand sowie an meinen Finger gekommen oder ich hätte ihn ihr gar als eine Art Trophäe für ein ihr aufgezwungenes galantes Abenteuer gewaltsam entwendet.

Drei nur von den in das Abenteuer am und um den Silbersee verwickelten, um auch das noch einmal anzusprechen und zu einem Ende zu bringen, hatten sich in der Folge nicht am Ertrag der Silbermine beteiligen lassen, zu der sich bald auch noch reiche Goldadern gesellt hatten. Das waren Winnetou, der, wie er stets betonte, für seine eigenen geringen Ansprüche Gold und Silber genug aus der einen oder anderen eigenen Fundstelle ziehen konnte, ich selbst, der es vorzog, seine ebenfalls recht bescheidenen Bedürfnisse aus der Arbeit meiner gesunden Hände sowie meiner schriftstellerischen Phantasie zu befriedigen, sowie Lord Castlepool, zu dessen enormen Reichtümern diese Einkünfte nur einen unwesentlichen Anteil, den sprichwörtlichen Tropfen auf den heißen Stein bedeutet hätten. Auf das Drängen scincr Lordschaft, dcr noch andcrc ihm und auch nicht nur ihm unbekannte weiße Flecken auf dem Globus erkunden wollte, waren Humply-Bill und Gunstick-Uncle dann bald mit ihm weitergezogen, nachdem ein Konto für ihre künftigen Anteile an dem Bergbauunternehmen auf einer Bank in Fillmore City eingerichtet worden war. Den Lord hatten sie wissen lassen, dass sie an dem alten Vertrag mit der ursprünglich vereinbarten Abenteuer- und Prominentengratifikation angesichts ihrer nun garantierten neuen finanziellen Verhältnisse nicht mehr interessiert seien, ihn nunmehr aber als bewährten Kampfgenossen und guten Freund unentgeltlich nach San Francisco zu geleiten gedächten. Castlepool war es letzten Endes zufrieden, da er es in realistischer Einschätzung der Verhältnisse als eine Ehre betrachtete, von solchen Leuten, vor denen er ihrer Fähigkeiten und Kenntnisse wegen allerhöchste Achtung empfand, mit diesem Ehrentitel bedacht zu werden. Zudem wäre für ihn, einen Peer von Old England mit erblichem Sitz im altehrwürdigen House of Lords, körperliche Arbeit in welcher Form auch immer und schon gar gegen

158

Bezahlung, wie er es in diesem Zusammenhang zweifellos empfunden hätte, sowieso nicht in Frage gekommen. – Castlepools Begleiter waren, nachdem sie ihn in der Hafenstadt sicher abgeliefert hatten, wobei er sie freilich noch reich beschenkt hatte, bald-möglichst wieder zu ihren Gefährten ins Gebirge zurückgekehrt – nur zu kassieren, wo sie nicht selbst mit Hand angelegt hatten, hätte auch ihnen nicht behagt, wäre ihrem Ehrgefühl entgegengestanden. Winnetou und ich hätten zudem gar keine Zeit für ein längeres Verweilen gefunden, um unsere Arbeitskraft mit einbringen zu können, da der Hilferuf eines guten alten Freundes meinen Blutsbruder und mich weiter nach Norden rief. Einer nur zeigte sich vorerst nach außen hin ein wenig unzufrieden, und das war Nolley, der bekehrte Tramp, der nun zumindest nicht sofort die Ausbildung zum Westmann in dem Umfang erfahren konnte, die er sich von Old Firehand erhofft haben mochte. Seine Enttäuschung währte freilich nicht allzu lange, da er von dem alten Fallensteller oft mit auf die Jagd genommen wurde, wobei er dann auch all die Kenntnisse erwarb, von denen er geträumt hatte – auch Firehands allerletztes Abenteuer sollte er ja schließlich mit ihm teilen, dabei jedoch auch etwas finden, was er sich so gewiss nicht erhofft hatte – nämlich den Tod.

III. Hobble Frank und Tante Droll, die sächsischen Vettern

Tante Droll, oder besser gesagt Sebastian Melchior Pampel, wie er ja eigentlich heißt, hat sich in der Folge der Ereignisse am Silbersee seinem Wunsch entsprechend einen großen Bauernhof gekauft, etwas in der Art, wie man es in den Staaten kaum kennt, wo die Spezialisierung vorherrscht, eine klare Unterscheidung in den reinen Viehzucht-, also Ranchbetrieb einerseits, Getreide-, Obst- und Gemüseanbau auf Farmen andererseits praktiziert wird. Deutschem Herkommen entsprechend betreibt er also zusammen mit einer Reihe tüchtiger Angestellter, die er nicht zuletzt durch eine über dem Durchschnitt liegende gute Bezahlung bei Laune hält, Ackerbau und Viehzucht, Obstgärten sowie Salat-, Getreide- und Gemüsefelder nebeneinander. Er scheint nun ganz und gar sesshaft geworden zu sein. Den Haushalt führt ihm eine früh verwitwete Base, die er mit ihren Kindern bei sich aufgenommen hat. Manchmal ruft er sie scherzhaft „Onkel", in neckender Anlehnung an seinen alten Kriegernamen im Westen, sie und ihre Kinder zusammen nennt er seine Leihfamilie. Er ist jetzt zumindest wohlhabend, ja vielleicht sogar reich zu nennen. Sehr oft sieht man ihn an der Seite seines Vetters, des Herrn Heliogabalus Morpheus Edeward Franke, besser bekannt als der Hobble-Frank. Der hat sich bei Dresden ein großes Haus gebaut, allerdings nicht direkt am Ufer der Elbe, wie er es ursprünglich geplant hatte, sondern dem Rat eines Architekten folgend der im Frühjahr drohenden Hochwassergefahr am Strom wegen doch eine kleine Strecke weiter landeinwärts. Im Erdgeschoss des Hauses, das er „Villa Bärenfett" nennt, hat er eine der Öffentlichkeit gegen eine geringe Gebühr zugängliche Völkerschau, eigentlich eine Art Indianermuseum mit vielen Erinnerungsstücken an seine Abenteuerzeit eingerichtet, wozu auch Pampel einen nicht unwesentlichen Beitrag leistete. Im ersten Stock logiert er selbst, umsorgt von einer tüchtigen Haushälterin, und gibt sich ganz seinem neu entdeckten Steckenpferd hin, nämlich der Schriftstellerei. Etwas von dem, was er bereits zu Papier gebracht hat, habe ich einem lokalen Verleger aus meinem weiteren Bekanntenkreis zeigen dürfen, aber der meinte nach eingehender Prüfung und Rücksprache mit dem Autor mir gegenüber nur, das sei zwar teilweise recht spannend und auch amüsant zu lesen, manches sogar zum Brüllen komisch, aber in einem derart breiten Dialekt verfasst, dass es über den näheren Umkreis Dresdens, vielleicht gerade noch Sachsens hinaus wohl kaum verstehbar sei, dazu auch noch geradezu gespickt mit Fehlern auf allen Wissensgebieten, so dass eine Veröffentlichung in der vorliegenden Form, von der mein Freund aber auf keinen Fall abweichen wolle, weil es sonst nicht mehr rautentisch sei, wie er es nennt, ihn unweigerlich nur zum Gespött eventueller Leser machen würde. Ein Ergebnis, vor dem ein jeder verantwortungsbewusste Herausgeber die Autoren, die sich ihm anvertrauen, aber selbstverständlich bewahren möchte. Ansonsten genießen die Herren ihren Wohlstand und ihre Ruhe. Nur gelegentlich, wie der Chronist und darüber hinaus auch ein jeder Leser meiner Reiseerzählungen und Bücher[65] weiß, lassen sie sich noch zu Reisen verlocken und folgen dem Ruf des Abenteuers.

IV. Leo und Fred Bender

W er meine Erzählungen um Old Surehands Suche nach seiner Familie und die letztlich gelungene Wiedervereinigung mit seinem Bruder, beider Mutter Tehua/Emily und ihrer Tante, deren Schwester Tokbela/Ellen gelesen hat, mag sich vielleicht wundern, dass ich später, im Zusammenhang mit meiner letzten Nordamerikareise (siehe „Winnetou IV"/„Winnetous Erben"), so betont von der engen Freundschaft zwischen uns beiden sprach, einer Art der Beziehung also, die ja nahezu immer auf einer vorangegangenen engen Kameradschaft gründet, obwohl gerade er, also eigentlich Leo Bender, sich auch im Vergleich zu Apanatschka, seinem Bruder Fred, damals doch so verschlossen und einzelgängerisch gezeigt hatte, weshalb wir ihm ja auch erst sehr spät auf dem Weg in den Park von San Luis, dieser alles entscheidenden Fahrt, wieder Auge in Auge gegenüber standen, wenn wir ihn damals auch die ganze Zeit vor uns gewusst hatten. Diese Verschlossenheit war aber nach dem glücklichen Ausgang der Suche und der Zusammenführung aller Familienmitglieder bald von ihm abgefallen, und wir hatten nach dem schrecklichen Tod Old Wabbles und des falschen Generals Douglas, ihres verbrecherischen Halbonkels Daniel Etters/John Bender also, besser zueinander gefunden. Apanatschka seinerseits hatte lange Zeit ja geglaubt, der Sohn der Frau zu sein, die tatsächlich seine Tante war, und des Mannes, dessen Hochzeit mit dieser Tante von dem Onkel, den er und sein Bruder nie kennen gelernt hatten, gewaltsam verhindert worden war, was letztlich dann zum Tod dieses Onkels geführt hatte. Wenn er auch dem Mann, den er allem Anschein nach für seinen Vater halten musste, niemals die kindliche Liebe entgegenbringen hatte können, die man üblicherweise eigentlich erwarten sollte, sondern ihm stets mit Abneigung, zumindest aber doch starken Vorbehalten gegenübergestanden war, hatte er seinem Empfinden nach doch in einer mehr oder weniger intakten Beziehung gelebt. Auch in einem ansonsten harmonischen Zusammenleben soll es gelegentlich ja vorübergehend zu der einen oder anderen Streiterei kommen, die dann und wann auch ausgetragen wird. „Kleine Gewitter", sagt man ja nicht zu Unrecht, „reinigen die Atmosphäre". Beispiele dafür erlebte er schließlich jeden Tag in seiner näheren und auch weiteren Umgebung. Beispiele dafür kennt ja auch ein jeder, der nicht blind und taub durchs Leben geht. Erst spät war ihm zu Bewusstsein gekommen, in welcher Unwissenheit, ja welchem Lügengeflecht der Mann, in dem er zunächst gutgläubig seinen Erzeuger sah, ihn doch gehalten hatte. Der Mann zudem, der die Frau, die er selbst als seine Mutter verstehen musste, so erniedrigend behandelte, gerade so, als ob sie an ihrem Wahnsinn selbst die Schuld trage, in den er sie ja vielleicht sogar absichtlich getrieben, ihn durch sein Verhalten jedoch zumindest noch verstärkt hatte. Anders als sein Bruder also, der in Bezug auf seine Herkunft dank der Auskünfte des Bankiers Wallace besser unterrichtet war, hatte er nie eine Veranlassung gesehen, in seiner Vergangenheit zu forschen. Langsam war ihnen nun bewusst geworden, wie viel Winnetou und ich für sie getan hatten, sei es nun Zufall, Absicht oder gar himmlische Schickung gewesen. Nahezu überschwänglich herzlich hatten Apanatschka und auch er sich unterwegs auf dem Weg zu Winnetous Dorf dann mehrmals bei uns bedankt, was wir aber jedes Mal mindestens ebenso bestimmt zurückwiesen, Winnetou rein aus der ihm angeborenen sympathischen Bescheidenheit heraus und ich zumindest zum Teil aus dem nämlichen Grund. Dazu kam von meiner Seite aber auch stets der Hinweis, dass ohne die Hilfe und Lenkung des Allmächtigen, zu dem auch Surehand zusammen mit seinem Bruder, bei dem freilich ganz andere Vorbedingungen herrschten, da er ja nicht in einem christlichen, sondern mannigfaltigen Naturgottheiten huldigenden Umfeld, zudem bei einem vom rechten Glauben abgefallenen Verbrecher aufgewachsen war, nicht zuletzt beeindruckt und erschüttert durch das grauenvolle Ende des verstockten alten Sünders Dan Etters und das ebenso schreckliche und doch versöhnlichere Dahinscheiden des in letzter Minute noch bekehrten Old Wabble, nun langsam wieder fand, ohne die Hand und den Segen Gottes also nichts auf Erden erreichbar sei. Oder wie es in einem reichlich sentimentalen alten Wiener Lied formuliert ist: „Wenn der Herrgott nicht will, dann geht gar nichts."

Und wenn ich hier neben der Familie Bender schon von unserem ebenso gütigen wie strengen Allvater über den Wolken spreche, dann muss auch einer noch einmal erwähnt werden, den ich während meiner ausgedehnten Wanderungen auf dem Erdenrund zunächst als einen der hartnäckigsten Gottesleugner kennen lernte, der mir je begegnet ist, bis er sich in seinem letzten Stündlein dann doch noch bekehren ließ – der aufmerksame Leser ahnt es zumindest bereits, ich spreche von dem über neunzigjährigen Fred Cutter, besser bekannt als Old Wabble. Abgesehen einmal von seiner Haltung zur Religion war er eine der beeindruckendsten und anziehendsten, alles in allem faszinierendsten Persönlichkeiten, deren Wege sich je mit den meinen kreuzten. Die Ausstrahlung, die dieser alte Mann hatte, die Vitalität, die körperliche und auch geistige Beweglichkeit, die ihm sogar im hohen Greisenalter noch anhafteten, wenn es sich eben nicht gerade um Religionsfragen handelte, all das musste einen jeden in seinen Bann ziehen, der ihm je begegnete. Auch ich war ja anfangs dieser Faszination erlegen, dem Magnetismus, den er verbreitete, bis ich ihn dann näher kennen lernte. Von da an konnte ich, dem Religion und, ich bekenne es gern und offen, sein Kinderglaube so viel bedeutet, ihn nur noch von Herzen bedauern. - Vielen scheint der Ausdruck Kinderglaube etwas Lächerliches, das man als erwachsener Mensch bald ablegt wie seine Kinderschuhe, aber heißt es gerade in der Heiligen Schrift nicht auch „... wenn ihr nicht werdet wie die Kinder ..."?

Im Weiteren hatte Old Surehand damals erklärt, sein Wanderleben habe mit der Zusammenführung seiner und seines Bruders Familie jetzt sein Ziel gefunden und somit ihr angestrebtes Ende erreicht. Er wolle sich nun eine Frau suchen und mit ihr zusammen sich irgendwie und irgendwo niederlassen, um ein ruhigeres Leben zu führen, als es ihm, den die Suche nach seinen verschollenen Angehörigen viele Jahre lang umgetrieben und ruhelos gemacht hatte, bis dahin möglich gewesen war. Apanatschka äußerte die gleiche Ansicht und Absicht, wenn ihm auch die Beweggründe Surehands fehlten, und meinte, er wolle sich von seinem wieder gefundenen Bruder, mit dem über die verwandtschaftliche hinaus sich auch eine herzlich-innige freundschaftliche Beziehung entwickelt hatte, fortan nicht mehr trennen. Ein wenig spielte dabei sicher auch die Behandlung eine Rolle, die er durch seine vermeintlichen Stammesbrüder gerade in der jüngst zurückliegenden Zeit erfahren hatte.

Bei der Besprechung ihrer weiteren Zukunftspläne, in die sie neben ihren Angehörigen, die sie nun erst, im reifen Alter, eigentlich so richtig kennen lernten, wie selbstverständlich auch alle Anwesenden, insbesondere aber meinen roten Blutsbruder und mich mit einbezogen, kristallisierte sich dann langsam die Absicht heraus, Vieh- und ganz speziell Pferdezüchter zu werden, um so die angestrebte Sesshaftigkeit mit einem Leben nah der Natur verbinden zu können, ein Leben, wie sie es gewohnt waren und nun ebenfalls nicht mehr missen wollten. Bevor jedoch weitere Entscheidungen getroffen wurden, begleiteten sie Winnetou und mich nun eben zum Pueblo, Winnetous Heimstatt, um auch diesen Ort, von dem ich ihnen gelegentlich schon erzählt hatte, einmal kennen zu lernen. Unterwegs trennten wir uns von Treskow und den „Verkehrten Toasts", die den abenteuernden Detektiv dann auch sicher und ohne Zwischenfall zum nächsten Außenposten der Zivilisation geleiteten, wie ich später erfuhr. An unserem Ziel im Seitental des Rio Pecos schlossen die Brüder dann recht schnell Bekanntschaft mit ihren künftigen Ehefrauen, eine Bekanntschaft, die sich innerhalb kürzester Zeit als ein Fall von ganz außerordentlicher Seelenverwandtschaft erwies, einer so großen Übereinstimmung in ihren Ansichten und Meinungen, dass schon bald eine Doppelhochzeit im indianischen Stil sich anschloss, die später dann auch noch von einem Friedensrichter bestätigt und von einen Priester gesegnet, vor Gott und den Menschen somit auch amtlich gemacht wurde. Als dann alles zur allgemeinen Zufriedenheit sämtlicher Anwesender geregelt war, beschenkte Winnetou die Frischvermählten als Grundlage ihrer Zucht mit ein paar ganz exzellenten Tieren, Hengsten und Stuten mit vorzüglichen Zuchtqualitäten, aus dem Bestand seines Stammes. Als Kenner arabischer Vollblüter erkannte ich allerdings schnell, dass von reinem Blut bei keinem dieser Tiere die Rede sein konnte, aber was konnte man schon erwarten von den Abkömmlingen von Geschöpfen, die vor 300 Jahren und mehr das Land betreten hatten und dann verwildert waren, so dass sie sich ohne eine ordnende Hand vermehren hatten können. Selbstverständlich behielt ich meine diesbezüglichen Erkenntnisse für mich - schließlich war das Geschenk reinen Herzens und mit den besten Absichten gegeben worden. Konnte ich den Gebern wie den Empfängen denn vorwerfen, dass ihre Kenntnisse sich nicht auf der gleichen Höhe bewegten wie die meinen, die mir durch Halef und andere oft fast gegen meinen Willen aufgedrängt worden waren? - Die Freude und Dankbarkeit angesichts dieser mehr als noblen Gabe war leicht nachvollziehbar verständlicherweise riesengroß gewesen.

Den Festivitäten hatten sich noch ein paar Wochen der Ruhe im Pueblo angeschlossen, die wir alle dringend benötigten, nicht zuletzt um uns von den nun schon wieder etwas zurückliegenden Strapazen im Park von San Luis, aber auch von den Hochzeitsfeierlichkeiten etwas mehr zu erholen, bis wir dann die Reise nach Norden antraten. Zufälligerweise war, eigentlich ohne besonderen Grund, nur um wieder einmal dem Stamm einen Besuch abzustatten, der im weitesten Sinn ja auch der ihre geworden war, das Kleeblatt aufgetaucht, wobei Sam Hawkens es sich nicht verkneifen konnte, seine vergangene „Liebe" Kliuna-ai durch gelegentliche Andeutungen und Neckereien über längst vergangene Ereignisse, seine mondsüchtigen Tage, wie er sie jetzt nur noch nannte, hin und wieder gutmütig neckend in leichte Verlegenheit zu stürzen. Schließlich aber kam der Tag unseres Aufbruchs. Zu unserer Überraschung und großen Freude stellten Sam und seine Freunde sich uns aus alter Freundschaft und Verbundenheit als Cowboys zur Verfügung, genauer gesagt als Pferdehirten, was alle Betroffenen nur zu gerne auch akzeptierten. Für Hawkens und mich bot sich so auch eine Gelegenheit, die Erinnerung an unsere Jagd nach seiner Mary aufzufrischen und überhaupt auch ein wenig in Erinnerungen an vergangene Zeiten zu schwelgen, Erinnerungen, an denen wir ganz selbstverständlich auch alle anderen teilhaben ließen, bzw. sie so weit wie möglich miteinbezogen. Die humorige Art, in der Sam Hawkens zu berichten wusste, wobei er auch ein Talent zur Selbstironie bewies, das niemand bei ihm so vermutet hätte, zauberte gelegentlich auch ein Lächeln auf die Gesichter der versammelten, uns auch jetzt wieder begleitenden Indsmen − nur Winnetou, der stets ernste, zeigte auch hier eine stoische Miene. Einzig ich, der ihn wohl am allerbesten, ja geradezu intimsten von allen Anwesenden kannte, vermochte sogar bei ihm, wenn auch vielleicht nur ganz im Hintergrund seines immerzu ernsten samtenen Auges, dann und wann eine Art stille Belustigung aufblitzen sehen.

Im Gegensatz zu früheren, vergangenen Zeiten, die jetzt nur noch leicht wehmütige Erinnerungen darstellten, verlief unsere momentane Reise glücklicherweise aber ereignislos.

Am Ufer des Bijou Creek, der im Centennial State[66] Colorado in den südlichen Platte-Fluss mündet, suchten die Brüder sich dann ein passend großes Stück Land, bauten Häuser und begannen eine Pferde-, Maultier- sowie Mauleselzucht, ein Unternehmen, das im Laufe der Jahre einen immer größeren Umfang annahm und mittlerweile zu einem beeindruckenden Großunternehmen gediehen ist, von dem

---

[66] Centenniel State/Jahrhundertstaat deshalb, weil Colorado im Jahr 1876, exakt 100 Jahre nach der Veröffentlichung der Unabhängigkeitserklärung also, in die Union Eingang gefunden hatte. Jeder US-Staat hat so einen passenden Beinamen. North Dakota z. B. heißt auch Sioux State, weil die Gegend ursprünglich von den Sioux/Dakota bewohnt wurde.

man in der näheren und weiteren Umgebung nur mit der größten un-
geheuchelten Hochachtung spricht. Die Ergebnisse ihrer Zucht ver-
kaufen sie bis weit in den Osten hinein und halten Verträge auch mit
der Armee, die ja immer auf der Suche nach guten Reit-, Zug- und
Lasttieren ist.

Auf Grund ihrer gemischtrassigen Herkunft gelten die beiden daneben aber auch als geradezu ideale Vermittler zwischen allen Seiten,
eine Eigenschaft, in der sie immer wieder von Behörden- und Regie-
rungsseite einerseits, andererseits aber auch von ihren indianischen
Nachbarn, roten und weißen Freunden bemüht werden. Als Mühe,
Anstrengung oder gar als eine Zumutung jedoch empfinden sie das
nie, betrachten es vielmehr stets als eine Ehre, hier wie dort ins Vertrauen gezogen zu werden. Apanatschka hat, nachdem er einmal be-
schlossen hatte, an der Seite seines Bruders von nun an ganz das Leben eines weißen Mannes zu führen, der Stellung als Häuptling der
Kaneans-Komantschen entsagt und einen würdigen Krieger dieses
Stammes als seinen Nachfolger vorgeschlagen, da er selbst ja nun
nicht mehr länger auf Dauer bei ihnen weilen kann. Gelegentliche
Besuche führen ihn allerdings immer wieder mit seinen ehemaligen
Stammesgefährten zusammen. Selten findet sich auch der eine oder
andere Naiini-Komantsche bei ihm ein. Obwohl er diesen Stamm
eigentlich im Unfrieden verlassen musste, gibt es immer noch diesen
oder jenen, der ihm ein ehrendes Andenken bewahrt hat.

Wenn ich nun sage, Apanatschka habe begonnen, das Leben eines
weißen Mannes zu führen, dann heißt das aber keinesfalls, dass er
alles Indianische abgelegt habe, was ihm früher selbstverständlich
gewesen ist. Gemeinsam besinnen er und sein Bruder sich nun vielmehr darauf, dass sie ja sowohl von ihrem weißen Vater als auch
ihrer roten Mutter Erbteile in ihrer inneren wie äußeren Veranlagung
tragen, die sie nicht verleugnen, geschweige denn unterdrücken können und nun auch gar nicht mehr wollen. Da sie jetzt nicht mehr darauf bestehen, oder besser gesagt, durch äußere Einflüsse darauf be-

stehen müssen, „weißer Jäger" und „roter Krieger" zu sein, können sie sich eben auch mehr auf das besinnen, was sie verbindet, und diese Gemeinsamkeiten dann auch offener leben. Infolgedessen treten diese Familienähnlichkeiten nun noch mehr hervor, die vorher zwar auch schon bemerkbar waren, aber doch eher nur versteckt wahrgenommen werden konnten. Man mag sich erinnern, wie sowohl Winnetou als auch mir die große Ähnlichkeit zwischen den Brüdern aufgefallen war, als sie kurz nach ihrem Kennenlernen damals, bei dem sie über die vorherrschenden allgemeinen Animositäten beider gegnerischen Gruppen hinaus einander keineswegs spinnefeind gewesen waren, dennoch aber sogleich zum Kampf auf Leben und Tod gegeneinander angetreten waren – dem Kampf, der bezeichnenderweise dann ja auch in einer Pattsituation geendet hatte.

Der interessierte Leser mag sich aber auch erinnern, dass ich vor Leuten mit gemischtrassigem Hintergrund stets gewarnt habe, da sich bei ihnen leider nur allzu oft gerade die schlechten Charaktereigenschaften beider Elternteile erhielten und in den Wesensmerkmalen der Kinder dann zum Tragen kamen, wie es im Falle von Ik Senanda und anderen sich dann ja leider auch bewahrheitete. Old Surehand und Apanatschka, oder wie ich sie von nun an eigentlich immer nennen sollte, Leo und Fred Bender allerdings hatten äußerst überzeugend den Gegenbeweis angetreten. Ohne die geringsten Bedenken hätte und habe ich zu wiederholten Malen ihnen nicht nur mein Pferd und meine Gewehre, sondern auch Leib und Leben anvertraut. Dieses Vertrauen beruhte jedoch in ebenso starkem Maße auf Gegenseitigkeit, wie man schon daran ersehen mag, dass sie mir erlaubten, so freimütig und offen von ihrem Leben, ihrer Vergangenheit und ihren Geschicken zu berichten, auch wenn manches in der Vergangenheit dieser Familie durchaus als ehrenrührig betrachtet werden mochte angesichts der kriminellen Machenschaften, in die ihre Eltern, wenn auch unfreiwillig und somit schuldlos, vor vielen Jahren verwickelt worden waren. Auch der Umstand, dass der Vater der Brüder im Gefängnis geendet hatte, schien nicht zu ihren Gunsten zu sprechen.

Der Mensch neigt ja leider nur allzu oft dazu, auch die unschuldig in gesetzeswidrige Taten Verstrickten mit einem scheelen Blick von oben herab zu betrachten, geradeso als trage das Opfer selbst auch Schuld an seinem Missgeschick und sei deshalb uneingeschränkt auch dafür verantwortlich zu machen.

Gerade Freds, also Apanatschkas, Neugier war nun schier unersättlich. Hier verdrängte sein nichtindianisches Erbgut jetzt all das, was er bei den roten Kriegern als männliches Verhalten zu verstehen gelernt und früher auch selbst so geübt und gelebt hatte. Überhaupt erinnerte sein jetziges Auftreten nicht im Geringsten mehr an den Indianerhäuptling, als den ich ihn vor Jahren kennen gelernt hatte. Ausdrucksweise und Kleidung entsprachen ganz und gar der eines weißen Mannes. Es war ihm auch gelungen, all die skurrilen Zusammenstellungen zu vermeiden, die wir von Photographien und gemalten Bildern prominenter Häuptlinge und Krieger der Vergangenheit kennen, die in ihrer Mischung von indianischen und vom weißen Mann übernommenen Kleidungsstücken sich nicht immer als ganz stil- und geschmackssicher erwiesen hatten. Nicht von ungefähr kommt mir in dem Zusammenhang auch in den Sinn, wie sogar Winnetou mir damals in Dresden gegenüber getreten war, und was ich letzten Endes ehrlicherweise auch als Kostümierung bezeichnen muss. - Die Ähnlichkeit mit Leo, die früher nicht so stark ausgeprägt erschienen war, machte sich bei ihm dadurch nun noch deutlicher bemerkbar. Andererseits traten bei Old Surehand jetzt auch einige Züge hervor, die eher an ihre gemeinsame indianische Mutter denken ließen.

Diese, Kolma Puschi, also eigentlich Tehua/Emily Bender hatte nach der Lösung all der Probleme, die sie und ihre Angehörigen betroffen und belastet hatten, ihr Wanderleben und Kriegerdasein als Mann, das sie dann ja auch zu ihrem Ziel geführt hatte, aufgegeben und sich, jetzt wieder ganz Weib und Mutter – eine Rolle, in die sie bemerkenswert schnell und problemlos zurückgefunden hatte -, bei ihren Söhnen niedergelassen. Tatkräftig wie eh und je unterstützte sie ihre Schwiegertöchter, lehrte sie auch das eine oder andere Wissenswerte und Praktische aus dem reichen Schatz ihres indianischen Erbes. Da gab es so manches, das diese jungen Frauen nie kennen gelernt hatten, teils, weil es zu der Zeit, da Tehua in ihrem Alter gestanden hatte, zwar noch gepflegt, später aber vergessen worden war, teils, weil es bei den Mescaleros in dieser Art niemals Sitte gewesen war, wohl aber bei den Moqui, von denen sie selbst ja abstammte. Auch mochte sie auf ihren Reisen das eine oder andere gesehen oder erlebt haben, was sich als erhaltens- und tradierungswert erwies. Daneben macht sie ihre Söhne und deren Frauen auch mit der Familiengeschichte bekannt, erzählt von ihrem Mann, der so früh im Gefängnis sterben musste, und auch von ihrem Bruder, ihrem Wawa Derrick/dem Padre Diterico, den ihre Söhne ebenso wenig kennen gelernt hatten wie den Vater. - Ihre Wohnung hat sie im Haus Leos, des älteren Bruders genommen.

Auch Tokbela/Ellen, die über den Tod ihres Bruders, des Onkels, den Leo und Fred nie gekannt hatten, wahnsinnig gewordene Tante, lebte bei ihnen. Ihr ursprüngliches Irresein war nach dem Tod Lothaire Thibauts, des falschen Medizinmannes, früheren Jahrmarktzauberers und Falschmünzers, in eine stille Melancholie übergegangen, ihre Augen waren jetzt ruhig, nicht mehr im Irrsinn flackernd wie ehedem, und die Frage nach ihrem „Myrtle wreath" kam nur noch ganz, ganz selten über ihre Lippen, um die dann meist auch ein etwas melancholisch anmutendes Lächeln spielte. Umgänglich und für niemanden eine Gefahr, wie sie war, hatte man von der Unterbringung in einer geschlossenen Anstalt Abstand nehmen können. Sie wohnte im Haus ihres Neffen Fred, der sie so viele Jahre lang als seine Mutter betrachtet hatte, dass ihm das nun ganz selbstverständlich erschien. Zu beinahe jeder Tageszeit konnte man ihr irgendwo im Hause begegnen, meist leise und mit traurig klagender, aber trotz ihres fortgeschrittenen Alters immer noch sehr melodiöser Stimme vor sich hin singend, mal aus dem reichen indianischen Liedgut, mal

Kirchenlieder, die sie an die Zeit nach ihrer Taufe erinnern mochten, als sie mit im Hause ihrer Schwester und ihres Schwagers gelebt hatte, teils Kinderlieder aus den Tagen, da sie allein erst für beide Knaben, dann nur noch für Fred, ihren Liebling, von dem man sie damals nicht ohne die Gefahr eines Tobsuchtsanfalls trennen hätte können, gesorgt hatte. Nur wenn ihre Stimme jäh in die wilde Melodie eines Kriegstanzes fiel, mochte der eine oder andere der zufällig ebenfalls Anwesenden sich den Anflug eines Lächelns gestatten. Aufgrund ihrer freundlichen, mit jedermann fühlenden Art konnte man sie fast als den guten Geist des Hauses betrachten, denn wo sie sich aufhielt, gab es weder Streit noch böse Worte, nicht zuletzt, weil man ihre Seelenruhe mit solch unschönem Lärm nicht stören wollte. Jeder mochte sie und hatte ein gutes Wort für sie, und wenn sie in ihrer immer etwas zerstreuten Art trotz großer Hilfsbereitschaft auch zu nichts so recht nütze war, konnte ihr doch nie jemand böse sein – auch wusste schließlich ein jeder der Hausgenossen, dass sie Schlimmes erlebt hatte und dadurch zu dem geworden war, was ihre Mitmenschen jetzt vor sich sahen. So kam im Verhalten ihr gegenüber immer auch ein gerüttelt Maß an Mitleid zum Ausdruck, das freilich nie laut geäußert wurde, um sie in ihren Empfindungen, ihrer Seelenruhe eben, auf gar keinen Fall zu verletzen.

V. Bloody-Fox, dem seine Vorurteilslosigkeit zum Verhängnis wurde

L ast but not least also ein paar Worte zu meinem alten/jungen Freund Bloody-Fox. Dessen weiteres Los nach der Geschichte mit Old Surehand, in die er am Rande ja auch ein wenig verwickelt war, und sein trauriges Ende passen leider nur zu gut zu dem, was ich selbst während meiner Wanderungen durch die Vereinigten Staaten an Vorurteilen, Dummheit und Grausamkeit immer wieder hatte beobachten und erleben müssen. Zusammen mit seiner alten Haushälterin, der Negerin[67] Sanna hatte Fox ja auf der Oase im Kaktusdickicht innerhalb des Llano Estacado gelebt, seit dem Abenteuer, in dessen Rahmen ich ihn zunächst als „Avenging Ghost" und später dann auch als Menschen kennen und schätzen gelernt hatte, auch mit Sannas Sohn Bob, dem anfangs so genannten „Sliding Bob", dem „rutschenden Bob", weil er damals noch nicht gut reiten konnte und deshalb immer wieder vom Pferd rutschte. Dadurch, dass er die beiden weniger als Hausangestellte, ja beinahe schon wie Freunde, jedenfalls aber als Vertraute behandelte, hatte er sich den Hass einiger rassestolzer Südstaatler zugezogen und darüber hinaus fast zwangsläufig die Aufmerksamkeit des Ku-Klux-Klans erregt. Als Mitglieder dieser Verbrecherorganisation dann trotz seiner abgeschiedenen Lage den genauen Ort des Kaktusfeldes erkundet hatten, verrammelten sie eines Nachts sämtliche Zugänge und zündeten dieses Feld anschließend an allen Enden gleichzeitig an, um dem „Nigger-

---

[67] Dem Verfasser ist durchaus bewusst, dass man dieses Wort heutzutage nicht mehr so gerne sieht, er findet aber auch, dass nur in der Schreibung „Nigger" ein verächtlich machendes Gedankengut zum Ausdruck kommt, das er wie jeder andere Mensch auch, der sich um Vorurteilslosigkeit bemüht, verabscheuungswürdig findet. Daneben hält er aber ebenfalls dafür, dass die Bezeichnung „Afroamerikaner" eine zutiefst unehrliche, weil oberflächliche verbale Verbiegung darstellt, die auch nicht wirklich zur Idee des Völkerfriedens und der Toleranz beiträgt.

freund" und seinen Schützlingen den Garaus zu machen, was ihnen bedauerlicherweise auch nur allzu gut gelang[68]. Dass diese Untat trotz der Abgelegenheit des Ortes, an dem sie verübt worden war, überhaupt bekannt wurde, verdankt die Welt nur dem Umstand, dass ein anderer Übeltaten bereits überführter Klansman seine Mittäterschaft offen ausplauderte, als das Eingeständnis noch eines Verbrechens mehr seine Strafe auch nicht weiter erhöhen hätte können – wenige Stunden später schon baumelte er neben fünfen seiner Gesinnungsgenossen am Gemeinschaftsgalgen. Seine Ehren Isaac Parker[69], der berühmt-berüchtigte „Hanging Judge", seit 1875 Oberster Richter für Utah und Bundesrichter für das Indianerterritorium Oklahoma, war seinem Beinamen auch dieses Mal wieder gerecht geworden. – Der Himmel mochte wissen, wie die Klansmitglieder sich erst in den Llano und dann dorthin, in den Bereich von Parkers Gerichtsbarkeit verirrt hatten – ursprüngliches Ku-Klux-Klan-Gebiet, was ja mit Ausnahme von Arkansas, Louisiana und Texas nahezu ausschließlich die südlichen Staaten östlich des Mississippi ausmacht, waren beide Gegenden jedenfalls nicht.

---

[68] Denjenigen, welche heutzutage die Ansicht vertreten, dass so ein Kakteenfeld sich im Llano überhaupt nie befunden haben konnte, weil keine Spur eines solchen Gebildes in jüngster Zeit sich dort gefunden habe, sei gesagt, dass nach diesem verheerenden Brand sich dergleichen dort ja nun auch gar nicht mehr finden könnte!

[69] Isaac Charles Parker (1838 – 1896), war bis zu seinem Tod im Alter von 58 Jahren im Amt. Sein zelotischer Eifer allerdings verminderte die Zahl der Verbrechen nicht, sie stieg vielmehr weiter an. [Quelle wie zu Fußnote 3), aber auch Joe Hembus „Der Stoff aus die Western sind – Die Geschichte des Wilden Westens 1540 – 1894" (München 1996)]

Warum gibt es so viele Freilichtbühnen, die Karl May spielen?

- Ein Erklärungsversuch -

A llein alle Karl-May Inszenierungen aufführen zu wollen, die in- oder outdoor je stattgefunden haben, ist ein Unterfangen, das von vornherein zum Scheitern verurteilt ist. Die bisherige Anzahl der Karl-May-Dramatisierungen auf deutschsprachigen Bühnen ist geradezu unglaublich. Ein Beispiel: Allein im Zeitraum zwischen 1919 und 1944 wurden dem Karl-May-Verlag 375 (!) Aufführungen der bekannten Winnetou-Bearbeitung von Dimmler/Körner gemeldet. Doch selten ist davon mehr als das Datum zu der jeweiligen Inszenierung überliefert worden. Sicherlich liegt das auch daran, dass die meisten Produktionen mehr regionale Bedeutung hatten, von denen die Presse – wenn überhaupt – nur oberflächlich Notiz nahm.

Doch dieser Beitrag kümmert sich speziell um die Freilichtaufführungen, denn ob „Robin Hood", „Klaus Störtebeker", „Jedermann", „Othello" neben vielen Kinderstücken wie „Pippi Langstrumpf", „Michel aus der Suppenschüssel", das „Sams", „Hänsel und Gretel", um nur einige zu nennen, ist doch auffällig, wie viele Bühnen gerade in den letzten Jahren dazugekommen sind, die sich vornehmlich Karl Mays angenommen haben, überwiegend natürlich, wie im Film den Winnetou-Stoffen.

Früh ging es nach dem Tod des Maysters mit den Freilichtaufführungen schon los. Bereits 1938 nahm sich das sächsische Örtchen Rathen der Winnetou-Romane an. Rathen, inmitten des überaus beliebten Fremdenverkehrgebietes des Elbsandsteingebirges, nahe Dresden gelegen. Ende des 18. Jahrhunderts entdeckten die Zeichenkünstler Anton Graff und Adrian Zingg die malerisch-romantische

Felslandschaft im Wehlgrund. In der Radierung „Die Vogelstelle" von Ludwig Richter wurde die bizarre Schönheit der Natur am Fuß des Bergmassivs das erste Mal bildlich festgehalten. Die Idee zur Errichtung eines Freilichttheaters sollte jedoch erst viel später, nämlich in den 30-er Jahren des letzten Jahrhunderts aufgegriffen werden. Zu der Zeit hatten die Gemeindevertreter des sächsischen Luftkurorts - Anfang der 30-er Jahre - so ihre Sorgen und Nöte. Die Massenarbeitslosigkeit, bei großer Wirtschaftskrise, von immerhin über 6 Millionen Menschen in Deutschland hatte die Urlaubs-, Kur- und Wochenendgästezahlen der Region dramatisch zurückgehen lassen. In unzähligen Sitzungen beschäftigte man sich mit dem Thema, wie man neue Touristenattraktionen erschließen könnte. Da war es nicht verwunderlich, dass schon bald die Idee geboren war, im wildromantischen Wehlgrund eine Naturbühne zu erbauen. Plastisch sah man es schon vor sich: wilde Felsengebilde, die das Spiel umrahmen. Der Bühnenraum selbst ist dort ja fast ein Ebenbild nordamerikanischer Felsencanyons, den Betrachter durchaus an die Rocky Mountains erinnernd. So fingen die Rathener Bürger in Eigeninitiative im Jahr 1935 mit den erforderlichen Baumaßnahmen an, neben den Anlagen der Bühne und des Zuschauerraums auch im technischen Bereich das ehrgeizige Projekt zu verwirklichen. Von den 850 Rathener Bürgern sollen an die 200 Personen im Alter zwischen 4 und 80 Jahren bei den Umgestaltungsarbeiten des Wehlgrundes auf und hinter der Bühne beteiligt gewesen sein.

Nur ein Jahr später, schon am 24. Mai 1936, konnte das neuerschaffene Freilichttheater unter dem Namen „Felsenbühne Rathen" eingeweiht werden. Damals allerdings noch nicht mit einem Karl-May-Stück, sondern man spielte Kurt Arnold Findeisens „Basteispiel" vor großer Kulisse. Inhalt war - wie der Name schon aufzeigt - die Geschichte der Region um die Freilichtbühne. Im Jahr 1937 übernahm dann der Sächsische Gemeindekulturverband die Aufgabe, die Bühne zu vermarkten, da der kleine Kurort Rathen mit dieser Aufgabe einfach überfordert war. Schon damals begann die Tradition, auch

Abendvorstellungen mit „Lightshow" anzubieten, dieses hat sich bis heute gehalten. Dennoch, so vielfältig der Spielplan des Jahres 1937 auch war, der große Kassenerfolg blieb aus. Lediglich die Abendvorstellungen des „Sommernachtstraums" konnten als Erfolg verbucht werden. Es musste endlich ein Volksschriftsteller her, dessen Werke eine große Verbreitung im Reiche hatten.

Ein weiteres Jahr sollte noch ins Land gehen, bevor die Verantwortlichen endlich bei Karl May landeten. Bürgermeister Erich Winkler hatte Kontakt zu Euchar Albrecht Schmid vom Karl-May-Verlag in Radebeul aufgenommen und um Einverständnis dazu gebeten. Zuvor musste noch das sächsische Kultusministerium in Dresden seine Genehmigung für die Umsetzung dieses Stoffes erteilen. Als auch diese Hürde genommen war und das Ministerium für das Projekt sogar seine Unterstützung zusicherte, stand der Realisierung kaum noch etwas im Wege. Martin Muschmann, der NSDAP-Gauleiter und Reichsstatthalter unterstützte die Spiele sicherlich damals nicht ohne ideologischen Hintergedanken. Man wählte einen von Karl Mays berühmtesten Romanen aus, den „Winnetou", den Ludwig Körner und Hermann Dimmler bereits für verschiedene Bühnen inszeniert hatten (siehe anfangs des Artikels). Nun wurde das Buch noch einmal von Martin Raschke überarbeitet. Uraufführung war am 28. Mai 1938 um 15 Uhr. Die Erwartungshaltung des Publikums war groß. 100.000 (!!!) Eintrittskartenbestellungen waren in der Verwaltung im Vorwege während der Probenzeit eingegangen. Das Programmheft, welches 12 Seiten stark war, sprach ergänzend von „Bildern und Gestalten um Winnetou". Unter den Zuschauern befand sich auch Karl Mays Witwe Klara May. Bis Ende August wurde nun mittwochs, sonnabends, sonntags und an Feiertagen sowohl um 15 als auch um 17 Uhr gespielt.

In den ersten zwei Spielzeiten pilgerten sensationelle 350.000 Zuschauer auf die Felsenbühne. Auch die Werbetrommel wurde bereits kräftig gerührt, sogar ein Faltblatt und farbige Werbepostkarten gab

177

es damals schon. Wie in der Nachkriegszeit auf anderen großen Freilichtbühnen, wirkte in der ersten Spielzeit bereits ein echter Indianer mit und zwar der Häuptling der Yakima, namens Os-ko-mon. Er soll in Paris studiert haben und war für die Präsentation „kultischer Tänze und Gesänge" seiner Heimat auf der Freilichtbühne verantwortlich.

Im Jahr 1939 wurde die erfolgreiche Winnetou-Inszenierung des Vorjahres wiederholt. Walter Heidrich führte abermals die Regie, das Buch überarbeitete diesmal Richard Thalheim. Das Programmheft wuchs nun auf satte 32 Seiten an. Wie geschäftstüchtig die „Macher" der Spiele schon damals waren, zeigt ein Werbeheft, das neben der deutschen in fünf zusätzlichen Sprachen verfasst war, um viele ausländische Besucher anzulocken. Vorder- und Rückseite der Broschüre schmückten Aquarellzeichnungen des bekannten Karl May Umschlag-Illustrators Carl Lindeberg.

Der Karl-May-Verlag veröffentlichte schon im zweiten Jahr ein Buch zu den Spielen auf der Felsenbühne unter dem Titel „Winnetou lebt". Das Buch wurde direkt an der Theaterkasse verkauft, und die Nachfrage war enorm, denn schon im nächsten Jahr musste eine zweite Auflage her, da die erste vollständig vergriffen war. Diese kam dann übrigens unter dem Titel „Das Vermächtnis des alten Indianers" heraus, allerdings nun im Eigenverlag der Felsenbühne. Die 2. Spielzeit ging vom 28. Mai bis zum 31. August 1939. Als Vorlagen für die Kostüme dienten wie so oft die im Karl-May-Museum Radebeul ausgestellten Exponate.

Doch dann war erst einmal Schluss in Rathen. Nächste Karl-May-Freilichtstätte war Werder an der Havel. Dieser Ort vor den Toren Potsdams kam wie die Jungfrau zum Kind zu den Karl-May-Festspielen. Nach den zwei gigantisch erfolgreichen Spielzeiten in Rathen ging eigentlich jedermann davon aus, dass die Spiele dort unvermindert fortgesetzt würden, aber dem war nicht so. Angeblich sah der Sächsische Gemeindekulturverband von den Spielen in Rathen ab.

Im Programmheft der Spiele in Werder schrieb Georg Görner dann aber erstaunlicherweise von einer offiziellen „Umsiedlung" der Spiele nach Werder an der Havel. Echte Gründe sind heute eigentlich kaum mehr auszumachen, denn eine Freilichtbühne musste in Werder mit gigantischem Aufwand überhaupt erst einmal erstellt werden. Wehrmacht und „Technische Nothilfe" sprangen ein und errichteten in Windeseile über 5.000 neue Sitzplätze, verdoppelten also die Sitzplatzkapazität auf 10.000, was unter vollen Kriegsbedingungen sicherlich nicht leicht war.

Der Stachel saß für die Macher der Spiele in Rathen tief, die unter anderem von „hässlichen Pappfelsen in Werder" in der Presse berichteten. Es lag daher wohl eher an den Machthabern, dass es zu dieser seltsamen „Umsiedlung" kam. Am 21. Juni 1940 - zu einer sogenannten Sondervorstellung - kamen die Ehrengäste zumeist aus Staat, Partei und Wehrmacht. Sogar Karl Mays Witwe Klara reiste zu diesem Anlass extra aus Radebeul an. Gespielt wurde bis zum 31. August, zumeist mittwochs, samstags und sonntags.

Die wichtigsten Rollen des Stückes wurden zumeist mit bekannten Filmschauspielern bestückt. So spielte UFA-Star Herbert A. E. Böhme den Old Shatterhand, der zuvor fast das ganze Jahr für Filmaufnahmen außer Landes verbracht hatte. Die Rolle des Winnetou übernahm Kurt Max Richter. Hans Adalbert von Schlettow spielte den Santer. Schon in vielen Stummfilmen seit 1919 hatte er mitgewirkt, unter anderem spielte er 1924 in Fritz Langs Nibelungen-Verfilmung den Hagen von Tronje. Auf beachtliche 77 Filmrollen hat von Schlettow es in seinem aktiven Schauspielerleben gebracht, wobei ihm „fiese" Charaktere am meisten gelegen haben sollen - also eine Supervoraussetzung als Besetzung für den Oberbösewicht Santer. Den allseits beliebten Willy Gade übernahm man in Werder mit Kusshand. Auch hier durfte er, wie in Rathen, den kauzigen Sam Hawkens spielen.

Der Old Shatterhand Rathens, Hans Kettler, führte in Werder Regie. Auf der Freilichtbühne hatte er große Erfahrungen gesammelt, womit er die besten Voraussetzungen besaß. Die damals allseits bekannte und beim Volk beliebte Ursula Grabley sollte den Part der Nschotschi übernehmen. Bis zu diesem Engagement hatte sie zuvor in nicht weniger als 39 Spielfilmen mitgewirkt. Gespielt wurden Szenen aus der Winnetou-Trilogie. Auch hier musste Winnetou im Stück wie in Rathen sterben.

Der Filmarchitekt Willy Schiller baute aus UFA-Kulissen das Felspanorama, das sehr den Eindruck von Pappmaschee erzeugte. Auch die leiterähnlichen Steigeisen in den Felswänden waren zu wenig kaschiert, was den Eindruck zusätzlich noch störte. Doch diente der Fels auch dazu, die Stadtsilhouette Werders vor dem Auge des Betrachters verschwinden zu lassen, so war er unverzichtbar.

Das Programmheft wurde im Juni 1940 in einer Auflage von 50.000 Exemplaren vom Sächsischen Gemeindekulturverband Dresden herausgegeben. Zur Broschüre gehörte ein vom Karl-May-Verlag publiziertes Begleitheft, das Hans Laquas Vortrag „Warum Karl May? Wirkung und Wert eines Volksschriftstellers" enthielt. Dieser Vortrag war 1937 vor einem NS-Lehrerbund gehalten worden.

In nur zwei Monaten Spielzeit erreichte man unvorstellbare 450.000 Zuschauer. Trotz des Krieges war aber – vor allem in Berlin – auch ein großer Werberummel betrieben worden. So waren Schaufenster mit Plakaten und Wild-West-Utensilien dekoriert. Wegen des sich verschärfenden Krieges blieb es aber bei dieser einmaligen Geschichte, und die Spiele fanden keine Fortsetzung. Der Winnetou-Akteur Kurt Max Richter, der sich nach dem Kriege Curt Max Richter nannte, wurde später Regisseur und Hauptsprecher beim Zirkus

Sarrasani, der 1940 in Rathen in die Bresche sprang, sodass dort die Karl-May-Spiele trotz der „Zwangsumsiedlung" nicht ganz ausfielen.

„Berliner Pilgerfahrt zu Karl May" – so überschrieb am 11. September 1940 das Hamburger Tageblatt einen dreispaltigen Artikel über die Karl-May-Spiele in Werder bei Potsdam, ... *„sonst bekannt durch seine Pilgerfahrten zur Baumblüte mit ausgiebigem Genuss von süßem Obstwein... spürt man den Anhauch eines tragischen Verhängnisses, des unbarmherzigen Schicksals, an dessen Ende der Untergang der roten Rasse steht. Dazu trägt die Ernsthaftigkeit und die imponierende Großzügigkeit der Aufführung bei, deren Inszenierung Hans Kettler (der früher in Rathen selbst den Old Shatterhand gespielt hat) mit einer geglückten Mischung der Methoden von Theater- und Filmregie gemeistert hat."*

Dann sollte es durch die Kriegswirren bis 1952 dauern, ehe Bad Segeberg im Kalkberggrund des umgebauten, ehemaligen Thing-Platzes von 1937 das Ruder der Freilicht-Karl-May-Inszenierungen übernahm, der in den nächsten Jahrzehnten immer mehr Bühnen in Deutschland und Österreich nachfolgen sollten. Ist der Höhepunkt überhaupt schon erreicht, oder kommen noch weitere Freilichtbühnen in der Zukunft dazu?

Aber warum immer wieder Karl May im Freilichttheater? Sicherlich hatte es mit dem Riesenerfolg seiner Bücher zu tun. Nach dem verlorenen 2. Weltkrieg wohl auch mit der geschundenen deutschen Volksseele. Wer will schon immer gern Verlierer sein und für alles Elend auf der Welt verantwortlich gemacht werden? In den Aufführungen Karl Mays konnte man mit deutschen Helden mitfiebern, die auf jeden Fall am Ende gewinnen würden! Hier musste man sich nicht schämen, ein Deutscher zu sein. Es dauerte ja noch zwei Jahre bis 1954, ehe man in Deutschland durch den Gewinn der Fußballweltmeisterschaft in Bern wieder stolz auf sein Land sein konnte beziehungsweise dieses sogar offen zeigen durfte.

Unterstützt wurde dieser Winnetou-Boom natürlich stark durch den amerikanischen Western. Bereits am 1. Dezember 1903 kam mit „Der große Eisenbahnraub" der erste US-Western ins Kino, zu einer Zeit also, als es den „Wilden Westen" und die „dark and bloody grounds" fast noch tatsächlich gab. Von da an liefen Woche für Woche neue, zumeist einfache Produktionen im Stile von Broncho Billy in den Kinos an, die sich auf die action- und gewaltgeladene Konfrontation zwischen den Hauptfiguren konzentrierten und sich wenig mit Psychologie, komplexen Charakteren und Handlungen beschäftigten. Als Sub-Genre kamen dann auch die sogenannten „B-Western" auf. Gregor Hauser hat sich in seinem Buch im Jahr 2015 der besten 50 Produktionen angenommen und diese akribisch besprochen. Von diesen B-Movies liefen zumeist zwei Streifen im Filmtheater hintereinander weg. Diese waren für die Kinobesitzer billig, da oft schon einige Jahre alt, sodass es kleine Cinemas gab, in denen ausschließlich solche Western gezeigt wurden. Ob Schüler, die sich einen Sport daraus machten, altersmäßig zu schummeln, um in diese „Erwachsenenfilme" hineinzukommen, unterbeschäftige Hausfrauen oder Lehrlinge, die ihr erstes eigenes Geld verkonsumieren wollten, die Filme hatten eine treue und stetige Gefolgschaft.

Bis in die siebziger Jahre hinein kann man den Western als das wichtigste Genre der Filmproduktion der USA bezeichnen, wobei die vierziger und fünfziger Jahre als der Höhepunkt der Entwicklung gelten dürfen. Mit einem Einspielergebnis von rund 424 Mio. US-Dollar ist „Der mit dem Wolf tanzt" allerdings der erfolgreichste Western aller Zeiten an den Kinokassen gewesen, und dieser Streifen wurde erst im Jahre 1990 produziert! Also gut gemachte Western und Indianerfilme ziehen auch heutzutage noch.

Natürlich wurden auch die deutschen Kinos mit Western nach dem Kriege rasch überschwemmt, wie schon erwähnt, denn das Fernsehen steckte ja noch in seinen Kinderschuhen, und in Deutschland wurden nach dem Krieg nicht mehr genug Filme für die Freizeitberieselung hergestellt.

Doch dieses neue Medium Fernsehen sollte rasch dem vormaligen Boom an den Kinokassen folgen. Am 27. Dezember 1959 flimmerte die erste Folge von „Am Fuß der blauen Berge" aus den holzummantelten, klobigen, eckigen schwarz/weiß Geräten in die deutschen Wohnzimmer, was deshalb schon erstaunlich ist, da die Serie kaum 3 Monate vorher erst bei NBC in den USA ihren Serienstart hatte.

Am bekanntesten von den vielen darauf folgenden Westernserien ist sicherlich „Bonanza". Die 1. Staffel begann auf deutschen Bildschirmen mit der ersten Folge am 13. Oktober 1962 und wurde zunächst von der ARD ausgestrahlt. Nach nur 13 Folgen wurde die Serie aber wegen „zu großer Brutalität" eingestellt. Ab dem 27. August 1967 war Bonanza dann im ZDF zu sehen, hier wurden sämtliche Folgen dann in Farbe ausgestrahlt. Insgesamt lief die Sendung mit insgesamt 431 Episoden über 14 Jahre lang.

Ab 3. Januar 1967 kam dann mit „Großer Adler – Häuptling der Cheyenne" eine 26-teilige Serie ins Deutsche Fernsehen, wie es ganz nach dem Geschmack der Karl-May-Fans war. In dieser Serie wurden erstmals die Indianer als Gute dargestellt. Die Abenteuer wurden alle aus der Sicht der Roten beleuchtet. Für die Winnetou-affinen Deutschen mehr als erfreulich und daher sehr beliebt.

Kaum fünf Monate später mit Start am 4. Juni 1967 konnte man in Deutschland auch „Rauchende Colts" im Fernsehen anschauen. Diese Serie brachte es auf den einsamen Rekord von 635 Folgen, davon konnten wir hierzulande allerdings nur 228 synchronisiert im Deutschen Fernsehen verfolgen.

Ich will nicht weitere Serien vergessen, zumindest zu erwähnen, die bei uns regelmäßig im Fernsehen liefen, wie „Die Leute von der Shiloh-Ranch", „Maverick" oder „High Chaparral".

Und zwischendrin schwappte dann mit Urgewalt die Karl-May-Filmwelle über das Land, belebte die schwindsüchtigen Kinokassen und löste einen Hype aus, wie man ihn in Deutschland noch nicht zuvor gesehen hatte. International vielleicht nur vergleichbar mit zum Beispiel der noch viel langlebigeren „James-Bond-Welle".

Warum dieser Erfolg? Was war der Auslöser? Eigentlich waren die Karl-May-Filme nichts anderes als die beliebten Heimatfilme, nur eben vor anderer Kulisse. Diese Filme hatten etwas Märchenhaftes, Verspieltes, weg von der Realität und Brutalität vieler US-Western. Zudem, ganz vorsichtig begann in Deutschland damals erst der Tourismus. Ausland, das war ganz, ganz weit weg. Italien war eingangs das gelobte Land der Träume, das – wenn auch unter Strapazen – mit dem ersten eigenen Auto (zumeist ein Käfer) zu erreichen war. In den 60-er Jahren war es noch eine mittelschwere Sensation, wenn Nachbarn sagten, sie würden nach Mallorca fliegen (heute eher schon eine deutsche Kolonie!). Aber Fernweh, Sehnsucht, Abenteuerlust, die Weite, die dem Betrachter die Landschaften in den Karl-May-Filmen, aber auch vielen Western aufzeigten, faszinierten das deutsche Publikum ungemein. Ein Karl-May-Film war wie ein Kurzurlaub, nur eben auf der riesigen Kinoleinwand. Der Film „Old Shatterhand" im Jahre 1964 war gar ein in 70mm hergestellter Breitwandfilm. So breit angelegte Filme hatten die meisten Zuschauer noch gar nicht, beziehungsweise wenn, dann nur höchst selten zu Gesicht bekommen, außer vielleicht in „Ben Hur" oder „Lawrence von Arabien".

Aber die Freilichtbühne offeriert dazu eine weitere Dimension, die das Kino einfach nicht bieten kann. Heute würde man sagen das 4D. Hier kann man den Schweiß der Akteure, den Staub der Arena, die

Pferde und den Pulverdampf „riechen". Nur hier kann man eine Naturverbundenheit ausleben, wie man sie sich als „Städter" vielleicht im normalen Leben wünschen würde. Hier ist alles authentisch und frei, kein Eingezwängtsein, keine Fabrik, keine kleine Zweizimmer (Zweiraum) -wohnung.

Faszination Freilichttheater: Die kleinen Mädchen werden auf den Open-Air-Bühnen geradezu wie magnetisch von den Pferden angezogen (es kommt nicht von ungefähr, dass oft auf den Bühnen fast nur Mädchen als Komparsen reiten, von den Stuntmen mal abgesehen). Ist so eine Aufführung vielleicht ein kleiner Ersatz für verwehrte Ferien auf dem Reiterhof? Die Jungen hingegen reizen mehr die Colts, Gewehre, Speere, Tomahawks, Pfeil und Bogen ... und noch viel mehr die vor der Aufführung gekauften Spielzeugwaffen zum eigenen Gebrauch ... Sehnsüchtig warten die Knaben auf die Pause des Stückes, dass sie endlich selbst wieder mit den neugekauften Knarren um die Bühne laufend herumballern können. Oftmals haben die Ordner nicht wenig zu tun, die Kinder von der Spielfläche des Theaters fernzuhalten. Dazu gibt es die exotischsten Kostüme zu bewundern, einen kindgerechten Humor, wenn der oft auch überstrapaziert wird und die Autoren sich gerade in dem Genre leider am liebsten austoben. Gewaltige Explosionen und haarsträubende Stürze ins Verderben des Hauptschurken dürfen dabei natürlich nicht fehlen. Ein bisschen Gänsehaut muss halt sein.

Aber warum stehen gerade die Deutschen so auf Indianer, was natürlich den Winnetou-Inszenierungen zugute kommt? Das Indianerbild im deutschen Sprachraum rührt aus dem gesamteuropäischen Stereotyp des „Edlen Wilden" und spezifisch deutscher Sehnsüchte einer gefühlten Verwandtschaft bereits seit dem 18. Jahrhundert und in der aufkommenden Nationalbewegung. Hartmut Lutz (vormals Professor an der Universität in Greifswald für Amerikanische und Kanadische Studien) nannte das Phänomen „Indianerenthusiasmus." Bei der seinerzeitigen Beschäftigung mit dem Indianer ging es zumeist weniger um die realen wirtschaftlichen, sozialen und kulturellen Realitäten der Indigenen Nordamerikas, sondern um deutsche Sehnsüchte.

Karl May hat das Indianerbild für die Deutschen dann nachhaltig, ja unauslöschlich geprägt. Und selbst in der „DDR", als Karl May dort verpönt war, wurde die Lektüre des „Maysters" durch unzählige Indianerclubs ersetzt, die sich mit den Bräuchen und dem Alltagsleben, sprich mit der Indianistik allgemein auseinandersetzten. Als Ersatz hatte man immerhin in der ehemaligen DDR Lieselotte Welskopf Henrich, geboren als Elisabeth Charlotte Henrich (* 15. September 1901 in München; † 16. Juni 1979 in Garmisch-Partenkirchen). Sie war Schriftstellerin und zudem Althistorikerin. Zeit ihres Lebens beschäftigte sich Welskopf-Henrich mit zwei Kulturen: mit dem antiken Griechenland und mit der Kultur der nordamerikanischen Indianer. Beruflich beschäftigte sie sich mit der Alten Geschichte. In ihren Fachgebieten war sie eine der einflussreichsten Persönlichkeiten in der DDR. Privat widmete sie sich den Indianern, über die sie Romane wie „Die Söhne der großen Bärin, Band 1 - 6" oder deren Fortsetzung „Das Blut des Adlers, Band 1 – 5"verfasste, die zu den Klassikern der DDR-Jugendliteratur gehören.

H. Glenn Penny führt die „Wahlverwandschaft" der Deutschen zu den Indianern in ihrem Buch „Kindred by choice - Germans and American Indians since 1800" unter anderem auf den deutschen Förderalismus und Partikularismus und einer melancholisch retrospektiven Neigung zum Tribalismus (Stammesdenken) zurück.

Doch die Liebe der Deutschen scheint in den letzten Jahrzehnten nur zu- nicht abgenommen zu haben, denn aus anfangs einer wurden inzwischen dreizehn Freilichtbühnen, die zumeist die Winnetou-Romane aufführen.

Oder ist es nur das Exotische, wie ein Besuch im Zirkus oder Tierpark, das die Massen in die Freilichttheater strömen lässt? Es ist vielleicht ein bisschen wie im alten Rom - Brot und Spiele. Braucht das Volk nicht sogar diese Spektakel, schließlich ist nicht jeder hierzulande Fußball-Fan? Aus welchem Grund auch immer die Menschen zu den Karl-May-Festspielen strömen, der Bühnen werden es mehr, und es sieht so aus, als ob das noch Jahrzehnte so weitergehen wird.

Quellen:

Dr. E.A. Schmid/ Georg Görner: Winnetou lebt...!, Karl-May-Verlag, 1939, Radebeul/Dresden

Reinhard Marheinecke: Karl May auf der Bühne (Manuskript, unveröffentlicht)

Gregor Hauser: Mündungsfeuer – Die 50 besten B-Western der 50er Jahre und ihre Stars, Verlag Reinhard Marheinecke, 2015, Hamburg

Joe Hembus: Das Western-Lexikon. 1567 Filme von 1894 bis heute, Heyne, 1995, München

Georg Seeßlen: Western. Geschichte und Mythologie des Westernfilms. Schüren, 1995, Marburg

Christian Heermann (Hrsg.): Karl May auf sächsischen Pfaden, Karl-May-Verlag, 1999, Bamberg

H. Glenn Penny: Kindred by choice - Germans and American Indians since 1800, University of Carolina, 2013, Chapel Hill

Ralf **Bausch** / Jutta **Laroche**

und dann kam **karl may**

Karl-May-Film- und Bühnenstars erzählen aus ihrem Leben

308 Seiten
Farbfotomittelteil

€ 24,95

Verlag Reinhard **M**arheinecke